# A l'encre de nos cœurs

Roman

Sandrine Bellier

Illustration de couverture : Sandrine Bellier

ISBN : 979-8-8673521-89
Dépôt légal : décembre 2023
Independently published

*A mes enfants, que j'aime comme une mère*
*A ma mère, que j'aime comme une enfant*

# 1

« Embolie pulmonaire ».
J'accuse le coup.
Ma mère vient de mourir.
Assise face au médecin, dans un bureau des urgences où on vient de nous conduire, j'ai du mal à réaliser ce qui nous arrive. Comment est-ce possible, alors qu'hier, au dîner, elle allait bien ? Comment peut-on disparaître ainsi en quelques heures, sans bruit, sans prévenir ?
C'est tellement… violent ! Aucun autre mot ne me vient pour exprimer ma détresse. J'ai la sensation de me noyer.
Mon esprit tente une échappée, mais le médecin me ramène vers cette réalité en s'adressant à moi.
Apparemment, ma mère est arrivée essoufflée, elle a à peine eu le temps de faire son dossier qu'elle a fait un malaise. Puis son cœur s'est arrêté, comme ça. Ils n'ont jamais pu le relancer.
Je me sens partagée entre des émotions contradictoires. La part de médecin urgentiste, profondément ancrée en moi, songe combien c'est dur pour une équipe de perdre un patient, mais la fille qui vient de perdre sa mère leur en veut. Ont-ils vraiment fait tout leur possible ? Si j'avais été là, ma mère serait-elle encore en vie ? Je les fixe, lui et l'infirmière assise à ses côtés. Je suis sans doute injuste. Moi aussi j'ai déjà perdu des patients et ils étaient les pères, les mères, les enfants de quelqu'un… Je vois sur les visages qui me font face qu'ils sont sincères dans leurs paroles réconfortantes,

même si cela n'enlève rien à ma peine. Au moins ma mère n'était pas seule, mon père était avec elle. Je sens ma gorge se serrer, mais ce n'est pas le moment de pleurer. Enfin je ne crois pas. Mes yeux brûlent, marquant leur désaccord. Puis une main apaisante se pose dans mon dos. Yann, mon mari, me parle :

- Mélanie ? Le médecin demande si ta mère avait des problèmes de santé.

Je me tourne vers mon père, assis à ma gauche et son air perdu m'informe qu'il ne répondra pas, alors je bredouille, cherchant dans mes souvenirs :

- Non, je ne crois pas.

Ma voix est éraillée. Je me racle la gorge avant de poursuivre :

- Du cholestérol pour lequel elle faisait attention, c'est tout. Aucun traitement.

Le médecin acquiesce et prend des notes. Je laisse de nouveau mon esprit vagabonder quand je réalise que je suis orpheline de mère. J'ai trente ans mais je pourrais aussi bien en avoir huit : j'ai besoin de ma maman, je ne suis pas préparée à son absence. La vague de tristesse monte en puissance et me fauche tandis que je réalise qu'elle n'apprendra jamais la nouvelle. Je caresse mon ventre plat et ferme les yeux pour avaler la boule qui me bloque la gorge. Nous attendions le bon moment pour leur annoncer. On avait choisi de garder le secret jusqu'à la première échographie, pour être sûrs que tout allait bien. Une écho prévue dans quelques jours à peine. J'avais déjà réfléchi à au moins trois façons de leur annoncer que j'étais enceinte. Je voulais que ce soit original, tendre et marquant. Je voulais voir son regard au

moment où elle aurait compris. Je suis certaine qu'elle aurait eu les larmes aux yeux, tout en souriant. Je n'arrivais pas à choisir entre deux scénarios : la regarder déballer un colis contenant de minuscules chaussons, un bleu et un rose ou leur offrir un paquet de café « grand-mère » comme dans la publicité… Mais cela n'arrivera jamais. Cette fois-ci, les larmes débordent franchement et mon mari m'enlace.
Une embolie pulmonaire…
Un minuscule bouchon dans le mauvais vaisseau, un cœur qui lutte puis qui abandonne…
Est-ce qu'elle avait déjà des symptômes hier ? Des signes que j'aurais dû voir en tant que médecin ? Est-ce que j'aurais pu changer les choses et l'envoyer plus tôt aux urgences ?
Je serre la main de mon père qui répond par une pression. Le médecin et l'infirmière sont sortis pour nous laisser seuls. Je repense à ces moments où j'ai été à leur place, ces moments où j'ai dû moi aussi annoncer un décès ou de mauvaises nouvelles. Est-ce que mes mots leur avaient apporté un semblant de réconfort ? Mon mari interrompt mes pensées d'une voix douce :

- Ils vont revenir nous prévenir quand on pourra aller voir ta maman…

Je réalise que je n'ai rien écouté de la fin de l'échange. J'ai un fil qui dépasse de mon jean et il m'agace. Je tire dessus machinalement.

- Vous voulez boire quelque chose ?

Ma bouche me semble soudain aussi sèche qu'un parchemin. J'acquiesce :

- Je veux bien de l'eau s'il-te-plaît.

Il se lève et je me sens déstabilisée de ne plus le sentir contre moi, sa proximité m'enveloppait et me rassurait. Il sort chercher un soignant du service et je reste seule avec mon père.

***

Dans la chambre où ils l'ont installée, il n'y a qu'un fauteuil et un repose-pied alors nous restons tous les trois debout à côté d'elle. Ainsi allongée, les yeux fermés et le drap tiré jusque sous le menton, on pourrait presque croire que ma mère dort. J'approche la main de son front pour le toucher. Sa peau est tiède et douce. Mon père se penche pour embrasser son front et laisse échapper un sanglot en se redressant. Comment peut-on dire adieu à la compagne d'une vie ? Je cherche Yann du regard. Quelle serait ma réaction si je le perdais ? Il m'observe, attentif, en retrait. Je voudrais lui faire promettre d'être toujours là, mais c'est impossible. On ne peut pas promettre quelque chose que l'on ne maîtrise pas ? Ce serait un mensonge. Ma mère m'avait dit « à demain ». C'était il y a 13 heures à peine.

# 2

*Lundi 4 février 1991*

*Mon ange,*

*Je ne sais pas trop comment m'y prendre… alors je vais le faire tout simplement en te racontant :*

*Aujourd'hui, j'ai eu un accident de voiture. Je roulais pour aller à mon travail et, comme d'habitude, j'étais en retard. C'est de ma faute : j'aime m'attarder après t'avoir déposée devant l'école. Je te regarde, cartable sur le dos, courir vers tes amies. C'est mon moment et pour rien au monde je ne le manquerais.*

*Comment ai-je fait pour ne pas voir que la voiture de droite changeait de file ? Je ne sais pas. J'ai beau me repasser les images en boucle, je suis incapable d'y répondre… Je sais simplement qu'après le choc, ma voiture est partie en tête à queue et que j'ai cru mourir. J'ai expérimenté cette sensation que beaucoup décrivent : le temps qui s'étire à l'infini, les moments heureux vécus et ceux que je n'ai pas osé vivre. Comme une façon de dire : « accroche-toi, ce n'est pas fini, tu as encore beaucoup de choses à faire… » ou alors « Tu as déjà bien profité, dis au revoir ». Je suis persuadée que la Mort doit avoir un humour bien à elle, malheureusement, quand on s'en rend compte, on n'a plus personne à qui le raconter.*

*Apparemment, ce n'était pas mon heure. J'ai heurté la glissière de sécurité, à l'envers sur le périphérique et ma voiture s'est rapidement immobilisée. J'ai petit à petit pris conscience que je n'avais rien : pas de fracture, pas de commotion. Je serrais mon volant avec tellement de force que mes mains me faisaient mal mais c'était tout. Je n'étais pas sûre de pouvoir sortir de là à cause de mes jambes qui tremblaient. Heureusement, l'autre conducteur m'a fait signe de ne pas bouger et a appelé la police et les pompiers. C'est seulement dans le camion des pompiers que j'ai craqué. J'avais eu tellement peur…*

*Je crois que c'est grâce à ça qu'ils m'ont convaincue de rester une journée entière en surveillance aux urgences. C'était la première fois en neuf ans que je manquais une journée de travail, tu te rends compte ? C'est donc mon assistante qui a ouvert la boutique et géré seule toute la journée, sans la patronne.*

*Cet accident m'a fait prendre conscience que si quelque chose de vraiment grave m'était arrivé, toi ma fille, tu n'aurais rien gardé de moi : pas de lettre, pas de conseil, pas de message pour te dire que je t'aime plus que tout. Rien pour te rappeler, dans les moments de doutes que tu connaîtras sûrement, dans les moments importants de ta vie aussi, que ta maman aurait préféré être près de toi et que ce n'est pas par choix que j'ai dû partir. C'est une sensation étrange cette impression de voir les choses sous un jour nouveau. Comme si j'avais recouvré la vue sans avoir eu conscience d'être aveugle… et un comble pour une opticienne, comme l'a dit ton père avec humour !*

*En venant te chercher dans l'après-midi, j'ai eu envie de te serrer fort dans mes bras et de te dire tout cela, juste au cas où. Mais tu es encore trop petite pour comprendre : Je t'aurais fait peur et de toute façon, ce souvenir se serait estompé avec les autres.*

*C'est pour cela que j'ai préféré t'écrire cette lettre, avec comme projet de t'en écrire beaucoup d'autres encore, et de te les donner le jour où je ne serai plus là. J'espère que ce sera le plus tard possible, mais au moins, tu auras la preuve que tu as été le soleil de ma vie, chaque jour, chaque minute.*

*Nous en avons parlé avec ton père : je déposerai ces lettres chez Maître Gildas, notre ami notaire. Il les gardera précieusement et te les remettra le temps voulu.*

*Aujourd'hui, j'ai eu peur de mourir et de tout perdre. Aujourd'hui je voudrai te dire que je t'aime, te jurer que je serai toujours là pour toi, mais c'est impossible. Alors je te l'écris en souhaitant que ce soit vrai et que tu le lises le plus tard possible.*

*Ta maman qui t'aime*

J'observe Maître Gildas, notre notaire et un ami proche de la famille. Il replie consciencieusement la lettre qu'il vient de nous lire et la range dans une enveloppe jaunie avant de la mettre avec les autres. Que dire ? Je viens de découvrir que pendant vingt-cinq ans, ma mère m'a écrit des lettres, des dizaines de lettres, tout au long de ma vie. Lettres qu'elle a précieusement confiées à cet homme pour que je les aie le jour de sa mort. Mon regard glisse vers la fameuse boîte que le notaire a tournée vers moi. A l'intérieur, il y a des enveloppes, de teintes différentes, soigneusement rangées et toutes me sont adressées, mon prénom élégamment tracé au stylo plume. C'est mon héritage. Un héritage sans valeur commerciale, mais tellement plus précieux pour moi. D'un autre côté, je me sens un peu trahie, comme si, depuis des années, elle se préparait à me quitter. Et moi qui pensais que nous n'avions aucun secret l'une pour l'autre... Comme elle l'avait suspecté, je n'ai aucun souvenir de ce fameux jour. Je demande à mon père :

- Tu le savais ?

Je regrette aussitôt mon ton trop sec.
- Oui, répond simplement mon père.
J'attends une explication qui ne vient pas.
- Et vous ne m'avez rien dit ?
- Non…
- C'est tout ?
- Que veux-tu que j'ajoute ?
Les yeux de mon père brillent légèrement en regardant les lettres :
- Tu connais ta mère ! Quand elle veut quelque chose, il est difficile de la faire changer d'avis. Je n'étais pas d'accord, je trouvais l'idée idiote, mais c'était important pour elle et elle m'avait fait promettre de ne rien te dire. C'est un cadeau qu'elle voulait te faire et je suis finalement content qu'elle l'ait fait.
- Un cadeau pour le jour de sa mort !
Toute mon amertume transpire dans ces mots.
- Il en manque une…
La voix de mon père est presque inaudible tandis qu'il me tend une dernière enveloppe. Je l'attrape sans comprendre.
- Elle l'a écrite le soir de notre dernier dîner ensemble et n'a pas eu le temps de la déposer.
Je m'apprête à l'ouvrir mais mon père m'arrête en recouvrant ma main.
- Garde-la pour la fin.
J'inspire profondément, entre agacement et regret, mais finis par la ranger derrière toutes les autres, avant de refermer la boîte. Je m'en veux de réagir ainsi, surtout que mon père n'y est pour rien, il ne mérite pas de me servir de défouloir. Ma

mère a toujours aimé jouer des petits tours à son entourage. Celui-ci est plein de tendresse, je le sais très bien au fond de moi, mais je lui en veux d'être partie si tôt et je ne suis pas encore prête à ressentir autre chose que de la colère. Je me lève et mon père suit le mouvement avant de s'approcher du notaire pour le prendre dans ses bras et lui dire au revoir :

- Jean-Marc, l'enterrement est demain. Tu es le bienvenu si tu veux venir. Nous ferons une petite réception à la maison pour les amis et la famille.
- Je serai là. Au revoir Mélanie. Yann…

Mon mari, resté en arrière, lui serre la main.

- Au revoir… et merci, j'ajoute avec réticence.

Pourquoi est-ce que je ressens cette rancune envers ma mère ? Ce n'est pas comme si elle avait choisi de m'abandonner ! Elle voulait juste me laisser un cadeau. Et mon père ou leur ami n'y sont pour rien non plus. Je devrais plutôt me sentir heureuse qu'elle ait trouvé un moyen de rester dans ma vie...

- Tu sais que ce n'est pas un choix, n'est-ce pas ?

La voix douce de mon père me tire de mes pensées moroses. Il reprend cette évidence:

- Elle n'a pas choisi de mourir. Cet accident lui a simplement fait prendre conscience à l'époque que cela pouvait arriver sans prévenir et elle refusait de partir sans rien te laisser.

Je finis par murmurer, un peu honteuse:

- Je sais…

Vraiment ?

- Je ne sais pas pourquoi je lui en veux. Je crois que j'aurai préféré les découvrir avec elle, pas… comme ça, dans ce contexte.

Je regarde la boîte :

- On aurait pu revivre ces moments ensemble. Je n'ai plus cinq ans, je m'en serai souvenue…
- Mais quand ?

Je ne comprends pas la question. Mon père reprend :

- Quand aurait-elle du t'en parler ? Après la fac ? Après ton mariage ? Quel aurait été le meilleur moment ? Elle s'est souvent posé la question. Elle a fait un choix. Et puis, même si elle ne l'aurait jamais avoué, je crois qu'elle avait trop de pudeur pour être là et te regarder lire ce qu'elle a pu confier dans ces lettres. Même moi je ne les ai jamais lues.

Il sourit avec tendresse avant d'ajouter :

- Une occasion de plus pour elle d'avoir le dernier mot !

Malgré moi j'esquisse un sourire et mon père termine, avec douceur :

- Ne gâche pas son cadeau parce que tu es en colère.

Après un instant de silence, je lui demande :

- Et toi ?

Je le vois sortir une lettre de la poche intérieure de sa veste. Elle est aussi ancienne que celle lue par le notaire, avec son papier séché, couverte de la belle écriture de ma mère.

- Moi aussi j'ai mon trésor. Jean-Marc me l'a donnée avant votre arrivée.

Je lui réponds par un vrai sourire et lui prends la main pour continuer à marcher. Il reprend :

- Tu sais, c'est étrange… ce fameux soir, ta mère ne m'a rien dit jusqu'à ce que tu sois couchée. Puis, nous avons parlé longtemps et elle a beaucoup pleuré. Ça avait été éprouvant de réaliser qu'elle aurait pu ne plus jamais nous revoir.

Je comprends :
- Une sorte de stress post-traumatique...
- Oui, elle a transformé cette angoisse en « jeu de la seconde chance ». Elle adorait écrire ces lettres et passait beaucoup de temps à réfléchir à ce qu'elle voulait te dire. Ce fameux soir, elle m'a fait également une promesse…
- Laquelle ?

Mon père reste quelques instants sans rien dire, les yeux fixés avec émotion sur la lettre qu'il tient encore entre ses doigts.
- Tout est écrit dedans. Le mieux est que tu le lises.

Il me la tend. Nous sommes arrivés devant nos voitures. Yann qui était parti devant pour nous laisser un peu d'intimité, est déjà assis derrière le volant et consulte son téléphone. Je prends la lettre et commence à lire :

*Mon Amour,*

*Je ne t'écrirai qu'une seule lettre parce que je ne te ferai qu'une promesse :*

*Je te promets de t'aimer et de te chérir tous les jours de notre vie, comme au premier jour de notre mariage et de te le dire chaque semaine. Ne crois surtout pas que j'accorde moins d'importance à ce que nous sommes : nous sommes un couple d'amants, d'amoureux, d'amis, mais nos souvenirs passés et à venir seront bien plus présents et réels pour toi que pour notre fille de 5 ans. C'est pour cela que je ne t'écrirai pas d'autre lettre et que je préfère te donner encore plus de vrais souvenirs à chérir.*

*Je t'aime*

*Ta femme*

- Elle a tenu parole tu sais… Deux à trois fois par mois, on se retrouvait pour dîner en tête à tête, rien que nous deux et chaque fois, elle me disait qu'elle m'aimait. Au début, je me moquais, je pensais qu'elle se lasserait, mais ensuite, c'est devenu une sorte de rituel, sans jamais devenir une habitude.
- Elle te manque ?
- Pas encore… j'ai du mal à réaliser pour l'instant.

Mon père range la lettre puis m'avoue, désemparé :

- J'ai peur pour demain.

Je le prends aussitôt dans mes bras pour le serrer fort contre moi. Il réprime un sanglot.

- Je serai là. On viendra te chercher, d'accord ?

Il acquiesce puis rejoint sa voiture tandis que je monte dans la mienne.

- Ça va toi ? me demande mon mari.
- Ramène-moi chez nous.

# 3

*Samedi 10 avril 1993*

*Mon ange,*

*Mardi tu as fêté tes 7 ans, mais c'est aujourd'hui, avec toute la famille que nous t'avons offert ton vélo : un vélo de grande, sans les petites roues, avec un panier devant et un siège pour ta poupée à l'arrière. Tes couettes et ton rire se sont envolés quand tu l'as enfourché et mon cœur s'est gonflé de fierté, en te regardant filer... jusqu'à ce que tu tombes.*

*Tu as pleuré tellement fort ! Je ne savais pas très bien si c'était à cause du genou écorché, du collant déchiré ou parce que tu étais vexée d'être tombée devant tout le monde.*

*C'est étrange de réaliser que mon premier réflexe a été de te crier dessus... parce que j'avais eu peur, parce que je m'en voulais de t'avoir laissée seule sur cet engin. Heureusement la raison a repris le dessus. Je me suis calmée et tu es venue te blottir dans mes bras juste après, sans m'en vouloir de cet éclat. Une fois tes sanglots apaisés, la promesse d'une paire de nouveaux collants et un pansement sur le genou, te voilà de nouveau sur ton vélo, la mésaventure oubliée... Je t'ai laissée repartir alors que je n'avais qu'une envie : rapporter cet instrument de torture au magasin et récupérer ton ancienne bicyclette. Mais être parent, c'est avant tout s'oublier et donner des outils à nos enfants afin qu'ils se construisent sans nous. C'est accepter de les voir tomber et être là pour leur apprendre à se relever et à continuer, tout en sachant qu'ils pourraient se faire mal. Tu vas sans doute chuter encore de nombreuses fois avant de devenir cette femme que je devine et je serai là à chaque fois pour t'aider à te relever. Toutes nos expériences sont importantes, les bonnes comme les mauvaises. Elles nous façonnent, parfois durement, mais heureusement, l'esprit est ainsi fait qu'il estompe le mauvais pour ne se rappeler que du bon.*

*Alors envole-toi, mon ange… aussi haut que tu le veux et je serai là pour te rattraper.*

*Ta maman qui t'aime*

A genoux par-dessus la cuvette des toilettes, je vomis à nouveau. Je ne sais pas si c'est uniquement la grossesse ou si c'est aussi le stress qui me prend aux tripes : aujourd'hui, on enterre ma maman. Et demain ?

- Ça va ?

Les nausées passent.

- Ça ira.

Je me relève, me rince la bouche.

- Tu te sens prête à partir ? me demande Yann en m'enlaçant.
- J'arrive.

Je me passe un peu d'eau sur le visage pour me rafraîchir.

- Comment tu te sens ?
- Ça va aller. C'est passé.

Il m'embrasse dans les cheveux, puis sort. Il a déjà mis son manteau.

- Il faut qu'on y aille.
- Je sais. Descends à la voiture, je te rejoins dans une minute.

Les mains posées de chaque côté du lavabo, je fixe mon reflet dans le miroir. J'ai les traits tirés. Mes nuits sont courtes, entre les nausées matinales et le trou que j'ai à la place du cœur. Je tente de redonner quelques couleurs à mon visage trop pâle en me pinçant les joues, puis ajoute une touche de rouge à lèvres avant de m'observer d'un regard critique. Le noir ne me met pas vraiment en valeur… mais, ce n'est pas l'effet recherché. J'attrape finalement ma veste et rejoins mon mari. Il est hors de question que je sois en retard.

***

Je me tiens debout face au cercueil ouvert, mon père à ma droite, mon mari à ma gauche. On en a parlé avec Yann hier soir. Je lui ai dit ce que j'avais envie de faire. Cela peut paraître étrange, voire un peu glauque, mais c'est d'une certaine façon, le dernier moment où nous serons encore réunis tous les quatre. Alors je me décide et attrape la main de mon père.

- On avait quelque chose à vous dire à tous les deux.

Ma voix flanche. Mon mari pose une main sur ma nuque pour m'encourager. Je regarde le visage de ma mère qui n'est plus vraiment elle.

Lance-toi !

- Je suis enceinte.

La main de mon père serre la mienne avec force.

- On voulait attendre un peu avant de vous le dire, ajoute mon mari.
- On a eu tort…

Je m'arrête, la gorge bloquée par une bouffée de regrets.

- Si on vous l'avait dit plus tôt…
- Ta mère serait morte en sachant qu'elle allait être grand-mère ? ironise mon père.
- J'aurai au moins vu son visage lorsqu'on vous l'aurait annoncé…

Voilà, je l'ai dit. Mon père comprend. Il m'entoure de ses bras et je me serre contre lui comme la petite fille que je suis toujours au fond de moi. J'ai plus que jamais besoin de lui, de sa présence rassurante, même si la blessure que j'ai ne pourra pas guérir avec un câlin, même si sa propre blessure est plus profonde encore. Il murmure dans mes cheveux d'une voix apaisante :

- Tu sais très bien comment elle aurait réagi, alors ne laisse pas les regrets gâcher cette merveilleuse nouvelle… Elle serait la première à te dire de ne pas t'attarder sur le passé car c'est une chose que l'on ne peut pas changer.

J'étouffe un sanglot contre sa veste. La porte s'ouvre sur le responsable du salon funéraire venant vérifier si nous pouvions démarrer la cérémonie. Sur un signe de Yann, il entre et, après notre validation, scelle la boîte. Nous sortons de la pièce sans nous retourner.

***

Je suis au premier rang, debout, à regarder mon mari et mon père porter le cercueil dans l'allée. Leur pas est lent et leur visage grave. Je ne sais pas à quoi pense mon père en ce moment, mais son regard est rivé sur la photographie de ma mère, posée à côté de l'autel. Derrière eux, un ami de mes parents et mon

cousin complètent le cortège. La musique d' « *Amazing Grace* » emplit la nef. Ma mère adorait cet hymne et j'aime l'idée qu'elle soit, une dernière fois, accompagnée par les voix de ce chœur de gospel. Le cercueil est posé sur son socle et mon mari me rejoint pour me prendre la main. Mon père caresse un instant la boîte et vient sur la chaise restée vide à mes côtés. Le prêtre commence à parler, mais je l'entends à peine. Tout ce qu'il dit je le sais déjà : qui était ma mère, comment elle a vécu, combien elle va nous manquer. Lorsque ce sera mon tour de faire mes adieux, je ne voudrai pas d'une boîte. Je préfèrerai le feu, les cendres puis l'envolée. Je veux me sentir libre et rejoindre un élément comme l'immensité de l'océan. Il faudra que j'en parle à Yann, mais pas maintenant, ce serait trop bizarre…
Je regarde mon père. Le regard dans le vide, c'est comme s'il ne voyait plus le cercueil. Il est perdu dans ses pensées. Une nouvelle fois, cette crainte m'assaille : Comment réagirais-je si je devais perdre mon compagnon ? Mon visage se tourne vers l'homme de ma vie et je pose d'instinct une main sur mon ventre. Comment ferais-je si je devais élever seul ce petit être qui grandit dans mon ventre ?
C'est à mon tour de parler, le prêtre me fait signe. Je me lève, quitte la main rassurante de mon mari et m'avance pour faire face aux personnes présentes. Il y a beaucoup de noir et quelques touches de blanc. Les visages sont tristes, même ceux affichant un sourire de convenance. Ils sont la famille, les amis de la famille, ses amis, ses collègues, tout son univers rassemblé pour lui dire au revoir. Je déplie la feuille qui me sert d'aide-mémoire et commence :
- Maman… avec toi, la vie a toujours été l'occasion

d'apprendre, du bon comme du mauvais, et avec cette philosophie, je suis certaine que tu as su tirer le meilleur de ce temps passé parmi nous.

Ma voix tremble mais je me reprends :

- Je souhaite donc partager une de tes leçons favorites avec tes amis et ta famille  réunis ici autour de toi. Parce que cette leçon en particulier, est lourde de sens aujourd'hui.

Je marque une pause avant de reprendre :

- « Il n'y a pas de bon moment pour dire aux gens qu'on les aime ». On pense avoir le temps de leur dire, de leur montrer, puis un jour, ils vous disent « à demain » et disparaissent à jamais de vos vies.

Ça m'agace d'entendre ma voix s'étrangler et de sentir les larmes couler sur mes joues. Je n'arrive plus à distinguer les mots que j'ai couché sur le papier, mais cela n'a pas vraiment d'importance. Je poursuis :

- J'aimerais pouvoir dire que j'ai appliqué ce principe à la lettre, mais dans le confort de nos vies et nos certitudes, il est difficile de rester vigilant, de garder à l'esprit que rien n'est acquis. J'ai oublié. C'est aussi pour cela que je tenais à m'exprimer aujourd'hui, pour pouvoir te dire une dernière fois combien tu comptes… combien tu as compté dans ma vie. Malgré les désaccords, les accrochages, tu as été mon port d'attache, celui vers lequel je retournais après chaque tempête… Plus que tout, cette certitude que vous seriez toujours là, toi et papa, m'a donné la force de me lancer dans tous mes projets les yeux fermés, que ce soit professionnellement parlant… ou sur le plan amoureux.

Mon regard se pose sur mon mari, puis mon père.

- C'est grâce à vous deux que j'ai pu devenir qui je suis aujourd'hui… et je n'ai même pas pu te l'exprimer…

L'émotion devient trop forte, mais j'ai dit ce que j'avais à dire. J'inspire profondément pour terminer :

- Merci à vous tous d'être venus lui dire au revoir.

***

- Tu sais, j'aurais voulu te l'annoncer autrement.
- Vraiment ?
- Oui, j'éprouvais le besoin de le dire devant le cercueil avant la fermeture. Mais peut-être aurais-tu préféré un autre moment, plus propice.
- Pourquoi ?

Dans les yeux de mon père, je ne lis qu'une question sincère. Il reprend :

- Ne viens-tu pas de dire que tu avais retenu la leçon ? Pourquoi attendre d'annoncer une nouvelle, surtout lorsqu'il s'agit de se réjouir ? Nous avons bien assez d'occasions de pleurer !

Je lui souris et le serre dans mes bras.

- Je suis tellement heureux pour vous, ajoute-t-il.
- La première échographie est dans une semaine. Je t'enverrai une photo.
- J'espère bien !
- Tu travailles sur un projet en ce moment ?
- J'ai une commande pour une maison, mais je crois que je vais donner le dossier à mon associé. Je n'arrive pas à me concentrer.
- Tu as le droit de prendre quelques jours pour toi tu sais.

- Pour quoi faire à part tourner en rond ?
- Alors tu vas faire quoi ?
- Je vais plutôt lui reprendre un ou deux chantiers et lui laisser la partie création le temps de me sentir à nouveau prêt.
- On est là si tu as besoin de quoique ce soit.
- Je le sais ma puce, merci.

# 4

*Mercredi 4 octobre 1995*

*Mon ange*

*J'aimerais tellement pouvoir trouver les mots et t'expliquer pourquoi tu m'as vue pleurer… je sais que tu es inquiète. Tu continues à me regarder avec tes grands yeux, pensant que je ne te vois pas et tu te poses sûrement des questions auxquelles je n'aurais pas la force de répondre, alors je fais semblant de ne rien remarquer. La vérité, si je ne peux pas te la dire, je peux au moins te l'écrire : j'étais enceinte, de quelques semaines. Nous ne t'en avons pas parlé parce que c'était une surprise et que je voulais être sûre avant de te l'annoncer. Seulement l'échographie est formelle : j'ai fait une fausse couche. On aurait tellement aimé pouvoir te donner un petit frère ou une petite sœur, un autre enfant à aimer infiniment, un enfant avec qui tu aurais pu partager tes jeux. Mais cela ne se fera pas, je le sais. Ton père et moi avons essayé tellement longtemps, même avant toi. Cette grossesse était presque un miracle. Je suis triste de ne pas avoir pu te donner cette chance…, nous donner cette chance. J'ai pleuré de tristesse et aussi de colère. Il y a des gens sur cette terre qui ne méritent pas d'avoir des enfants et qui les font sans y penser, tandis que d'autres se battent contre la nature pour fonder leur famille. Je sais que l'on ne peut pas raisonner ainsi, mais c'est ce que je ressens et c'est aussi pour cela que je t'écris ces lettres : pour pouvoir parler de ce que l'on ne peut pas dire tout haut. Pour m'autoriser à l'exprimer et t'autoriser à le lire et le penser. Pourquoi est-ce si dur de t'en parler ? De te dire simplement que nous sommes tristes parce que nous avons perdu quelqu'un ? Je sens bien que mon sourire ne te trompe pas et pourtant, même si ce silence est pire que les mots, je n'arrive pas à te les dire.*

*Quant à ton père, pour l'instant, il occulte. Dans sa famille, les choses douloureuses se taisent et s'absorbent. J'ai eu du mal à le comprendre au début de notre mariage. Moi, l'excentrique qui crie quand elle est en colère, qui pleure quand elle souffre, qui rit quand elle en a envie, je n'étais pas habituée à ceux que les émotions dérangent. Le temps nous a permis de trouver notre langage propre. Il viendra me voir quand il sera prêt. Peut-être qu'il pleurera, me parlera ou me fera l'amour sans rien dire, mais je sais que nous finirons par nous retrouver. Chaque couple est unique.*

*Quant à toi, je ne sais pas si nous arriverons un jour à te l'expliquer. J'espère que de ton côté, lorsque tu liras ces lignes, tu nous pardonneras cette faiblesse : c'est notre souffrance d'adulte.*

*Samedi 14 octobre 1995*

*Peut-être as-tu finalement compris toute seule… Car depuis, tu ne nous demandes plus de petit frère.*

Je soupire en regardant l'heure. Les nausées m'ont enfin laissée tranquille et j'ai retrouvé l'appétit. Heureusement, car le travail a repris lui aussi, et en particulier, les gardes de nuit. Je regarde autour de moi le service presque vide. L'équipe, moins nombreuse que la journée, est dispersée dans les box pour terminer les soins et installer les patients confortablement pour la nuit. Les habituels allers et venues sont réduits à leur plus simple trafic. Les lumières sont en partie éteintes, le volume des écrans de surveillance a été baissé et sans l'agitation habituelle et le téléphone qui sonne en permanence, le service semble presque paisible. J'aime ces moments de calme, presque hors du temps, irréels. Rares sont les nuits qui ne souffrent aucune pause. Il y a souvent ce petit moment où le flux ralenti et où l'on redevient maître de son temps. J'entre dans la chambre d'une patiente. Cette dernière présente un délire paranoïaque. Elle est persuadée de ne pas être malade et qu'on lui en veut. Le psychiatre a prescrit des soins sous contrainte, mais l'objectif est que la patiente accepte le traitement et commence à nous faire confiance. Il est 4h du matin et la fatigue commence sérieusement à me rattraper, j'ai faim et mal aux jambes, mais j'inspire lentement pour garder mon calme et tenter une nouvelle fois de la raisonner. Si je peux éviter de la forcer et de la traumatiser, cela en vaudra la peine. J'attaque d'une voix ferme :

- Ce n'est pas négociable, Pour la dernière fois, si vous refusez de boire le traitement prescrit par le psychiatre, nous serons obligés de passer par une injection.

La maladie de cette femme déforme ses perceptions mais mon ton de voix sans concession a enfin raison de ses résistances et elle avale d'un coup le liquide. Alors que je m'approche pour aider l'infirmière à réinstaller la patiente au lit, je sens mon pantalon devenir humide. Je me fige. Ce ne peut pas être la patiente. Le liquide est tiède, ce n'est donc pas non plus de l'eau. D'ailleurs le verre posé sur la tablette est toujours plein. Je m'excuse dans un murmure et abandonne l'infirmière pour me rendre directement dans mon bureau

Non, non, non, non, non, mon Dieu, faites que ce ne soit pas ça…

A peine la porte fermée, je me précipite aux toilettes, tentant de maîtriser la petite voix qui murmure en boucle dans ma tête. Mais, assise sur les toilettes, force est de constater que mon pantalon est plein de sang. Un sang rouge qui continue à couler entre mes jambes. J'ai l'impression de me vider, sans aucune douleur en dehors de celle que me brise l'âme. Je suis en train de perdre mon bébé. Comment cela pourrait-il en être autrement ? Il me semble impossible que ce petit être en formation survive dans ce tsunami rouge.

Les sanglots secs me surprennent, montent en bouffées incontrôlables, comme un cri que je suis incapable d'étouffer, puis ce sont les larmes qui coulent.

Je ne sais pas quoi faire. Je me sens impuissante, sans aucune maîtrise de mon corps que je déteste. Je commençais tout juste à accepter que c'était réel… Je respire un grand coup. Je suis médecin, je sais quoi faire. D'abord vérifier que son cœur bat toujours. Faire une échographie. Mais le saignement ne s'arrête pas, et avec lui, mes larmes. Je hoquette sans pouvoir m'arrêter. Je voudrais tellement que Yann soit là avec moi. Seule assise sur ces toilettes, le visage défait, le tableau me semble tellement sordide. Je prends mon téléphone. Je voudrais l'appeler, le prévenir, qu'il me parle de sa voix apaisante. Mais il est 4h30. Qu'est-ce que

cela changera puisqu'il est loin et ne pourra rien faire ? Le saignement a enfin diminué. Je mets une protection que j'ai gardé dans mon placard et appelle le radiologue de garde :
- Franck ?
- Oui…
- C'est Mélanie. Je te réveille ?
- Non, je viens tout juste de raccrocher avec ton interne.
- Ah…

J'hésite à demander, j'ai peur du verdict. Il comble le silence :
- Je peux t'aider ?
- Oui.. je suis enceinte de trois mois et je viens de perdre beaucoup de sang.
- Mince !
- Tu crois que tu pourrais me faire une écho ?
- Je ne suis pas gynéco, répond-il, navré.
- Oui, je sais, mais juste pour voir si…

Le nœud dans ma gorge se resserre :
- Enfin, tu sais, juste pour savoir si le cœur bat… s'il est toujours là…
- Je devrais pouvoir te dire ça. Je t'attends.
- Merci…

Yann sera déçu de ne pas pouvoir assister à cette première échographie avec moi, mais j'ai besoin d'être fixée. Et puis, l'échographie des 12 semaines est prévue dans trois jours… si tout se passe bien…

Je parcours le couloir éteint qui mène des urgences vers la radiographie. Mon collègue m'attend déjà. Je m'allonge en silence et fixe le plafond, incapable de regarder l'écran. Le gel est froid mais c'est à peine si j'en prends conscience, jusqu'à ce qu'un doux et régulier chuintement se fasse entendre. C'est rapide, plein de vie, ça tambourine dans mon ventre ! Alors j'ose enfin un coup d'œil et je le vois : il est là, il s'accroche, toujours décidé à lier sa vie à la nôtre et j'éclate en sanglots !

- Tout va bien ma belle ! murmure Franck en me tapotant maladroitement l'épaule. Je ne peux pas t'en dire plus mais ton petit loup est toujours là !
- Merci.

Quelques minutes plus tard, je suis de retour aux urgences, les yeux rouges mais le cœur léger. Le service est calme alors je vais m'allonger. Sur le lit de garde, je relève mes jambes contre le mur, dans une tentative dérisoire d'accompagner mon bébé dans sa lutte : je ne peux pas le perdre. Je caresse mon ventre, les yeux fermés, réalisant enfin que mon corps est en train de fabriquer un être humain.

# 5

*Vendredi 30 avril 1999*

*Mon ange,*

*Tu viens tout juste d'avoir 14 ans et ta porte fermée sanglote.*

*Je n'étais pas là lorsque tu es rentrée mais ton père m'a raconté… enfin… il m'a dit que tu avais déboulé dans la maison, en larmes et lorsqu'il t'avait demandé si ça allait, tu t'en étais prise à lui, lui hurlant que « non », et que « les garçons étaient tous des nuls »…*

*Pas besoin d'avoir fait des études pour comprendre que l'un d'eux avait brisé ton cœur d'adolescente.*

*Et puis… Je t'avais vue embrasser Grégoire l'autre jour en sortant du cinéma. Je ne t'avais rien dit pour ne pas te voir lever les yeux au ciel, exaspérée mais lorsque je t'avais déposée pour la séance, je n'étais pas rentrée. J'étais restée dans la voiture à attendre. Je voulais être présente si tu décidais de sortir au milieu du film, juste au cas où. Ton père s'était moqué de moi. Il voulait qu'on en profite pour aller manger une glace tous les deux, mais je n'avais pas la tête à ça. Mon bébé sortait pour la première fois avec un garçon ! J'avais prévu un livre pour passer le temps et je crois que je n'ai pas réussi à en lire plus d'une page. Je ne voulais pas me montrer trop étouffante mais c'était comme si toute ta nervosité coulait en moi et m'imprégnait.*

*Puis je vous ai vus sortir du cinéma, une heure et demi plus tard, main dans la main, un grand sourire sur ton visage. Tu as regardé autour de toi pour vérifier que je n'étais pas là et vous vous êtes embrassés. Enfin… il a mis sa langue dans ta bouche, ses mains bien au chaud dans ses poches. Difficile de faire moins romantique, mais cela n'avait pas l'air de te déranger. J'ai attendu quelques minutes avant de démarrer la voiture et de venir me garer devant, l'air de rien et lorsque tu es entrée dans la voiture, tes yeux pétillaient.*

*J'aurais tout donné pour préserver cette innocence. Et voilà qu'à peine quelques jours plus tard, tu pleures déjà à cause de lui. Je sais que, tout comme la chute à vélo, cela fait partie de l'apprentissage, mais ce n'est pas toujours simple de laisser son enfant vivre ses propres expériences. Dans quelques années, tu souriras sûrement en te rappelant ces moments, mais pour l'instant, tu as simplement l'impression que ta vie amoureuse à peine commencée est déjà terminée. Je sais qu'après quelques ratés, tu le rencontreras l'amour de ta vie, l'homme qui te prendra dans ses bras pour te faire chavirer complètement, comme ton père l'a fait pour moi à l'époque.*

*J'avais vingt-cinq ans et beaucoup d'insouciance, lorsqu'il est venu frapper à ma porte pour m'emmener au cinéma le premier soir. Il m'avait regardée comme si j'étais la plus belle personne au monde et quand j'y repense, j'ai l'impression qu'il n'a jamais vraiment cessé de me regarder ainsi, malgré les doutes et les disputes et il a certainement vu dans mon regard les mêmes promesses.*

*Je te souhaite ce bonheur, même si je l'appréhende aussi. Car alors, je ne pourrai plus simplement pousser la porte de ta chambre pour te parler : tu seras loin de moi, à vivre ta vie…*

*Ton bonheur est tout ce qui compte.*

*Ta maman poule*

Yann semble hésitant. J'ai tellement cherché à le rassurer en lui affirmant que cette première échographie n'en était pas vraiment une que je crois bien qu'il commence à douter. La culpabilité peut vraiment être traître ! Pourtant je n'avais pas le choix durant cette nuit-là, je ne pouvais pas continuer ma garde sans vérifier comment allait mon bébé et il en a bien conscience. Au moins, il a pu se rendre disponible pour m'accompagner aux urgences gynécologiques. Il m'entoure enfin de ses bras, me berce d'un air distrait. Je sais qu'il appréhende la suite, tout comme moi. Les chiffres de fausse couche au premier trimestre, il les connaît, je les lui ai donnés. C'est ce qui nous a poussé à garder le secret au début. Plus le temps passait et plus on s'apaisait, commençant à croire que nous n'étions pas concernés. Alors cette alerte, c'est un peu la deuxième bombe dans notre vie.

Il ne sait sans doute pas comment réagir à mon angoisse : ce matin, en l'appelant, j'avais recommencé à pleurer au téléphone et il avait donc eu du mal à comprendre mes explications. Depuis son arrivée, il ne cesse de poser des regards pensifs sur mon ventre plat et reste silencieux. On ne remarque pas encore que je suis enceinte et cela doit être difficile pour lui de réaliser ce qui se passe dans mon corps. Le gynécologue venu nous chercher m'installe sur la table, les jambes allongées. La température du gel me saisit, je serre fort la main de Yann tout en fixant l'écran.

- Vous voyez : une main, et les cinq doigts, l'autre main, les deux pieds, tout y est. Je fais un tour sur la tête, le nez…

Yann acquiesce mais je devine, à son air, qu'il ne voit rien du tout. Quant à moi, je suis hypnotisée.

- Tous les organes sont en place. Il mesure 58 mm... on va vérifier les bruits du cœur.

Le médecin met du son et Yann se fige. Les yeux écarquillés, il ne regarde plus l'écran mais reste focalisé sur les bruits. Il semble sidéré par ce qu'il ressent et entend. Je peux imaginer car je vis la même expérience : chaque battement est une claque, chaque chuintement résonne jusque dans ma poitrine, emplissant nos oreilles, ces bruits nous font vibrer. Ces bruits sont le cœur de notre bébé… Je l'observe avec un demi-sourire. Notre monde vient d'être chaviré par ce son incroyable… il me regarde comme si nous étions seuls au monde… mais, nous ne serons plus jamais seuls parce qu'un mini-nous grandit en moi ! Je sens qu'il a envie de m'embrasser, mais je l'arrête juste à temps avant qu'il ne se mette du gel partout :

- Attends que je sois débarbouillée !

Il me sourit, encore tout secoué, avant de se tourner vers l'écran en plissant les yeux. Je devine qu'il ne distingue rien dans ce brouillard innommable, mais s'obstine à chercher notre future merveille. Le médecin éteint la machine et prend le temps de tout nettoyer. Le suspense devient insupportable.

- Tout va bien.

Enfin !

- Rien de grave, poursuit le médecin. Il s'agit juste d'un petit décollement.

Je respire enfin, mais le médecin achève :

- Ça passe ou ça casse.

Je suis prise d'un vertige et je vois la stupeur que je ressens se refléter sur le visage de mon mari. Devant nos mines atterrées, il comprend qu'il a manqué de délicatesse et se défend aussitôt :

- Vous êtes médecin non ? Vous deviez vous douter qu'à ce terme on ne peut pas faire grand-chose…
- Je suis ingénieur, réplique Yann un peu sèchement.
- Et moi, je suis une future maman qui vient voir son gynécologue... On ne vous apprend pas l'empathie dans votre spécialité ?
- Vous avez raison, s'excuse le médecin, c'était maladroit.

Il se reprend.

- Tout semble aller bien, on ne peut simplement pas prévoir l'évolution. Vous devez vous reposer pour mettre toutes les chances de votre côté. Je vous arrête quinze jours et les gardes de nuit, c'est terminé. Mais cela ne sert à rien de rester allongée toute la journée, gardez une activité normale.

D'accord, on fera tout pour que notre bébé s'accroche. Le médecin va jusqu'à l'imprimante et apporte les planches qu'il a gardées.

- Vous pouvez annuler le rendez-vous prévu dans deux jours et je vous laisse prendre le prochain pour l'échographie des 22 semaines.

***

Lorsque nous sortons du bâtiment, je suis partagée entre l'euphorie de la première échographie et l'inquiétude de la suite. Mon premier réflexe est de raconter cela à ma mère, pour qu'elle trouve les mots qui vont me rassurer. Puis je me souviens que je ne pourrai plus jamais lui parler. Je reste bloquée, le téléphone sortit et son numéro désormais inactif, affiché sur l'écran. Yann aperçoit l'écran, comprend et m'ouvre aussitôt les bras pour que je m'y réfugie.

- Je vais annoncer la nouvelle à mes parents pendant que tu appelles ton père, me murmure-t-il dans les cheveux.

Mais je ne peux pas encore quitter ce refuge alors je reste là, le visage caché, écrasé contre sa poitrine. Je ne pleure pas, je tente juste de retrouver assez de contenance pour surmonter la surprise de l'habitude.

- C'est normal que tu aies voulu l'appeler, me rassure mon homme. N'importe qui aurait voulu parler à sa mère dans un moment pareil.

Il m'oblige finalement à reculer et me prend le menton pour plonger son regard dans le mien :

- Ton père attend que tu lui fasses signe, mais ensuite, tu vas me montrer où se trouve notre bébé parce que je n'ai rien compris à ce qu'il y avait sur l'écran !
- Ma mère avait raison tu sais…
- A propos de quoi ?
- J'ai fini par le trouver, l'homme de ma vie.

Il m'a souri.

# 6

*Samedi 1^er^ janvier 2000*

*Ça y est mon ange, nous venons de changer de siècle.*

*Pas de grand bouleversement depuis hier mais du soulagement : le fameux bug de l'an 2000 n'a pas eu lieu ! L'économie est sauve !*

*On en rit aujourd'hui comme d'une mauvaise blague, mais si tout ce qui nous avait été annoncé s'était passé, on aurait été bien embêtés ! Au lieu de cela, les cris de joie ont retenti, les bouchons de champagne ont sauté et de notre côté, nous avons fêté ce saut dans le 21ème siècle en tête à tête avec ton père. Nous aurions pu sortir, mais je préférais être à la maison au cas où tu aurais besoin que l'on vienne te chercher. Tu étais invitée chez Chloé pour fêter l'événement. Ses parents avaient organisé une grande réception et tu étais invitée à dormir. Ton excitation était drôle à voir. Je t'envie cette joie de vivre, cette liberté. Tu es à un âge où tout est une découverte, un émerveillement. A travers tes yeux, je revois mes propres rêves, mes désirs, cette croyance que tout reste à découvrir et que j'aurai le temps de le faire.*

*J'ai aussi adoré ces moments passés avec toi à essayer des coiffures et des tenues pour choisir ce que tu porterais. Lorsque nous sommes descendues toutes les deux avec des boas en plume que j'avais retrouvés dans un carton, le regard de ton père valait le détour. D'abord incrédule, puis comique, puis nostalgique : il s'agissait des vestiges d'une soirée « années folles » à laquelle nous avions participé avant ta naissance. C'était à une époque où nous n'étions que nous deux, une époque de jeunesse et d'insouciance dont lui aussi se souvenait avec tendresse. Après ton départ, j'ai gardé le boa noir autour du cou et nous avons dansé tous les deux.*

*Le lendemain, tu es rentrée à pied, les coins de ta bouche remontés jusqu'aux oreilles, des étoiles dans les yeux et tu m'as serrée dans tes bras. Tu m'as dit que tu m'aimais et je t'ai répondu que moi aussi, plus que tout, plus que ma vie… comme quand tu étais petite.*

*Bonne année ma chérie…*

*Ta maman émue*

- Non ! Et merde !!!!

En entendant mes cris, Yann se précipite dans la salle de bain. Je m'en veux, il a sans doute cru que c'était le bébé. Il s'arrête en me voyant pester devant la cuvette des toilettes et comprend rapidement en voyant l'eau qui coule de mon téléphone. Oui, je l'ai fait tomber de dedans, oui, j'ai été la plus stupide des idiotes lorsque je me suis tranquillement levée de là et que le petit appareil, glissé dans ma poche arrière, est tombé directement au fond de l'eau. Il commence d'un ton hésitant :

- Qu'est-ce qui t'arrive ?

La foudre tombe :

- Ce qui m'arrive ?

Toute la colère que je ressens se redirige vers lui, et j'éclate :

- Il m'arrive que j'ai fait tomber ce truc dans les toilettes !
- Tu l'as éteint ?
- Oui, tout de suite ! Tu me prends pour une idiote ? Je vais voir s'il marche !
- N'y touche pas !

- Je suis sûre qu'il est foutu ! Avec tout ce que j'avais dedans !

Yann me le prend prudemment des mains comme s'il s'attendait à ce que je le morde au passage. Il a compris la véritable cause de ma détresse, ce dont je ne parle pas, ce que je ne pourrai jamais récupérer s'il ne peut pas le réparer : les messages de ma maman…

Je le suis pendant qu'il se dirige vers la cuisine pour tenter des manœuvres de sauvetage : il sèche l'extérieur, puis ouvre le ventre de la bête, retire la batterie, la carte SIM, et entreprend de le sécher délicatement avec un coton tige. Je n'ose plus rien dire tandis que je le vois opérer comme un chirurgien le minuscule appareil.

- Sauve-le, s'il te plaît.

Il ne prend même pas la peine de répondre car ce n'était pas une question, juste une prière, et je sais déjà qu'il fera tout son possible. Il remplit un sachet avec du riz sec et glisse le portable dedans, le ferme hermétiquement et le pose dans un coin.

- Il ne reste plus qu'à attendre.
- Dans combien de temps on saura ?
- Qu'est-ce que tu réponds à tes patients ?
- Les quarante-huit prochaines heures seront critiques…
- Eh bien, les vingt-quatre prochaines heures seront critiques. Tu ne dois pas le rallumer avant.

Je laisse échapper un soupir de frustration pour tenter d'évacuer la sensation de manque que je ressens déjà en l'absence de mon plus fidèle assistant. Vingt-quatre heures sans portable : pas de sms, oubliés mon agenda, mes contacts, ma playlist préférée, mes applications de médecine, et l'accès direct à internet et à mes mails !!

- Vingt-quatre heures coupée du monde !

J'enrage.

- Tu n'exagères pas un peu ? ricane mon mari.
- On voit bien que ça ne t'est pas arrivé à toi !
- Statistiquement, ce sont les femmes qui…
- Tu m'emmerdes ! Je sais bien que je n'aurais pas dû le mettre dans la poche de mon pantalon ! Je me le suis déjà reproché une dizaine de fois depuis qu'il est tombé dedans ! Si tu n'as rien d'autre à dire, le mieux est de te taire.
- Et toi, tu crois que cela va changer quelque chose de passer tes nerfs sur moi ?
- Non, mais le « je t'avais prévenu » est inutile et méchant.
- Je ne l'ai pas dit.
- Mais tu l'as pensé tellement fort !

Je suis à cran. Je sais que c'est injuste de lui crier dessus alors qu'il n'a rien fait et qu'au contraire, il a répondu présent dès que j'ai eu besoin de lui. Je le fais parce que je le peux, parce qu'il me pardonnera, probablement bien plus facilement que je ne me pardonnerai à moi-même. Il peut encaisser. Mais le doit-il ? D'ailleurs, il renchérit :

- C'est ça ! Je ne vis que pour ce moment de triomphe : celui où j'ai enfin le dernier mot !

J'attrape mon sac à main, les clés de voiture avant d'en dire trop et sors, sans répondre mais en prenant soin de claquer la porte. J'entends ses derniers mots lancés avec ironie :

- Bonne journée à toi aussi mon amour !

***

« J'ai voulu t'écrire que j'étais désolée et te dire merci mon amour, mais je me suis rappelée trop tard que je n'avais plus de portable… »
« Heureusement que tu connais mon numéro par cœur alors… »
« Je t'aime »
« Moi aussi, mais fais-moi le plaisir d'effacer tout de suite ces messages. Et arrête de prendre le téléphone d'inconnus ! »
J'envoie un dernier smiley qui tire la langue, persuadée que mon mari se remettra au travail avec le sourire et aura pardonné les sautes d'humeur de sa femme lunatique. On dira ce qu'on voudra mais les hormones, ça chamboule quand même beaucoup…

# 7

*Vendredi 22 novembre 2001*

*Mon ange,*

*Cela fait quelques semaines déjà que je vois dans ton corps et ton attitude, l'adolescence pointer son nez. Tu commences à te cacher pour prendre ta douche, tu restes longtemps devant la glace à te regarder. J'ai vu que tu m'avais emprunté du maquillage.*

*Ma mère n'avait pas pris le temps de m'en parler. Cela ne se faisait pas à l'époque et j'ai découvert malgré moi ce qu'était la puberté. Je ne voulais pas que tu vives la même chose. Alors hier, j'ai pris sur moi de provoquer une discussion « entre filles » pour te parler de tout ce qu'implique la transformation de ton corps de jeune fille en celui de femme. Les transformations physiques, physiologiques, psychiques.*

*Tu m'as d'abord regardée, puis tu as éclaté de rire. Moi qui appréhendais ce moment, j'ai découvert que je n'avais plus grand chose à t'apprendre. Le collège t'avait déjà enseigné ce qu'était la puberté, mais aussi le reste : savoir attendre le bon moment, se protéger le cœur et le corps, décider pour soi et non pour faire plaisir à l'autre… Tu ne m'avais pas attendue pour en parler avec tes copines. As-tu vu le soulagement sur mon visage lorsque tu m'as annoncé que tu étais toujours vierge à 15 ans ? Sans doute… c'est probablement pour cela que du haut de tes certitudes toutes fraîches, tu as étouffé dans l'œuf mes illusions en me soutenant que je ne devais quand même pas compter que ça dure jusqu'au mariage. « On n'est pas de la même génération maman, les choses ont changé ! » Une phrase d'enfant qui juge ses aînés, une phrase d'adulte qui affirme ses convictions.*

*C'est probablement aussi bien comme ça et je me suis fait une raison. Mais parfois je repense avec nostalgie à « ma génération ». Il n'y avait pas les mêmes contraintes d'éducation qu'à l'époque de mes parents, mais il n'y avait pas encore non plus les risques pour la santé, le jugement hâtif des aînés, et l'engagement se prenait dans la durée… du moins dans mes souvenirs.*

*J'espère du fond de mon cœur de maman que tu sauras attendre le bon moment pour toi, quelles que pourront être les attentes parfois pressantes de « l'autre »…*

*Cette discussion m'a rendue mélancolique… Quant à ton père, je crois que c'est le lendemain qu'il a compris que tu étais en train de changer. Il faut dire pour sa défense que jusque-là tu buvais ses paroles et que tu n'avais jamais remis en cause ses idées. Je l'ai d'abord senti déstabilisé par ta façon de lui répondre, mais il a fait une telle tête quand tu l'as traité de « sale con » en claquant la porte que j'ai bien failli éclater de rire. Seule l'expression affichée sur son visage m'a retenue. Il venait de perdre sa petite fille…*

*J'ai toujours eu peur de cette phase, celle où, pris dans la tourmente, les hormones déchaînées, les émotions à fleur de peau, il faut garder un cap, malgré la perte de tous nos repères. Pour moi elle a pris la forme d'une fugue. Je n'en suis pas fière aujourd'hui mais j'avais l'impression de vivre une vie « trop terne » dans une maison « trop petite » avec des règles « trop strictes ». J'avais soif de liberté, de nouveauté, de découvertes. J'avais rencontré un garçon qui était comme une bouffée d'air frais pour moi : il m'a appris à fumer, m'a donné mon premier baiser, m'a écrit une chanson… Avec lui, j'avais enfin le sentiment que ma vie n'était pas déjà tracée et que je pouvais encore la vivre et me laisser surprendre.*

*Cette fugue avait été un moyen pour moi de faire comprendre à mes parents que j'avais changé et que je ne rentrerai pas dans le moule. Elle avait duré 24h… une nuit… passée avec ce garçon, simplement à regarder les étoiles. Avant que je ne rentre morte de faim sans avoir rien perdu de mes convictions : je voulais révolutionner mon monde, mais je devais le faire en acceptant certaines règles. Et puis, même si je ne l'aurais jamais avoué sur le moment, voir le visage angoissé de mes parents et leur soulagement en me retrouvant m'a fait culpabiliser. Je n'avais pensé qu'à moi. Je leur avais reproché leur étroitesse d'esprit, rejeté leur enseignement sous prétexte qu'ils ne comprenaient rien à ma vision des choses, mais je ne m'étais pas rendu compte que je faisais exactement pareil et que je ne parvenais plus à les écouter. Aujourd'hui, je suis consciente que malgré mes frasques, ils ont toujours été disponibles pour moi.*

*Tu commences à peine, mais je vois déjà tes idées qui s'agitent, ta volonté frémissante d'agir, de lutter contre les injustices, même si pour l'instant ce ne sont que des problèmes de collégiens. Bientôt, tu rejetteras les opinions des adultes en général, parce que tu penseras qu'ils méprisent ta jeunesse et voient ton manque d'expérience comme un handicap. Tu auras raison pour certains mais tort pour d'autres. Après tout, nous sommes nombreux à penser que la jeunesse a pour elle la passion, la force, l'énergie… Pourquoi serait-ce un handicap ?*

*J'espère que tu ne porteras pas les mêmes jugements hâtifs que moi à ton âge. Je suis persuadée que tu deviendras une femme formidable… A condition que nous ne commettions pas d'erreur. J'aimerai pouvoir faire un bond dans le futur et me rassurer sur ce point… Après tout, nous ne sommes que des êtres humains nous aussi. En attendant ma chérie, sache que nous resterons disponibles pour toi.*

*Ta maman*

Ces quelques jours de repos m'avaient fait du bien... enfin... les quarante-huit premières heures, car ensuite, j'avais commencé à tourner en rond comme un lion en cage. Ne rien faire, lire, aller marcher, se reposer, lire toujours et marcher de nouveau pour s'aérer... non, décidément, rester à la maison, ce n'est pas pour moi. J'avais été tentée de m'attaquer à la décoration de la chambre du bébé, mais avec ce qui s'était passé, je ne pouvais pas m'empêcher d'être réticente à l'idée de me projeter trop tôt. Un restant de superstition sans doute. Bref, la seule originalité que je m'étais autorisée durant ces quelques jours, tenait en deux aiguilles et de la laine. « Une maille endroit, une maille envers ». Qui aurait pu croire qu'apprendre à tricoter était aussi fatiguant ? Heureusement j'avais repris le travail, troquant sans regret les grandes aiguilles encombrantes contre un set de suture. Penchée sur le bras d'une adolescente, je réparais la plaie qu'elle s'était sans doute auto infligée au poignet. Concentrée sur mon ouvrage, je tente d'en apprendre un peu plus sur ma patiente et les circonstances de cet « accident » :

- Tu t'es fait ça comment ?

Au lieu de répondre, l'enfant attaque par une question :

- C'est vrai que vous êtes enceinte ?

Elle ne veut visiblement pas parler pour l'instant. Je joue son jeu :

- Tu as entendu ça où ?
- Votre collègue dans le couloir qui vous a demandé de faire attention pour le bébé...
- Tu as des oreilles partout dis-moi.

La jeune fille me sourit, visiblement contente de la remarque, puis poursuit :

- C'est votre premier ?

J'acquiesce en coupant un nœud.

- Il parait que quand on devient vieille c'est plus difficile d'avoir des bébés.

J'encaisse sans broncher, me souvenant que moi aussi, à seize ans, je considérais que toute personne de plus de trente ans était « un vieux ».

- Votre mère doit être contente de devenir grand-mère ! Moi la mienne, je pense qu'elle deviendrait hystérique.
- Tu as 16 ans.
- Et alors ?
- Une mère n'a pas envie que son enfant de 16 ans tombe enceinte…

L'adolescente hausse les épaules. Après quelques secondes, je reprends patiemment :

- Pourquoi tu t'es coupé les poignets ?

Comme elle ne me répond toujours pas, je poursuis doucement :

- Ce geste que tu as eu, c'est un geste important tu sais.
- Ben ouais, sinon je l'aurais pas fait.
- Mais la question c'est : qu'est-ce que tu as voulu dire, et à qui ?
- Ben p't'êt'e que j'ai juste voulu dire « foutez-moi la paix » ! Genre à mes parents !
- Et tu n'as pas trouvé d'autre moyen que de te faire du mal ?
- Ça a marché, ils sont venus tous les deux et pour une fois ils s'engueulent pas.

Je retiens un soupir. Comment expliquer à cette enfant que son corps n'est pas un moyen de négociation ? Que c'est un

capital à préserver ? Un bien précieux que l'on garde toute sa vie ? et tout cela sans avoir l'air d'une vieille sentencieuse moralisatrice ?
Que m'aurait dit ma mère si moi aussi je m'étais fait du mal ? Je me lance :

- A ton âge, je n'aimais pas mon corps. Il était trop grand, trop maigre, pas assez de poitrine…
- Et c'est là que vous me sortez le couplet comme quoi vous me comprenez c'est ça ? ricane l'adolescente.
- Non, c'est là que je te dis qu'après, ça passe. Mais tout ce que tu fais subir à ton corps aujourd'hui, ça, ça laissera des marques définitives. Des marques qui te rappelleront tes conneries. Même celles que tu chercheras à oublier.

Mes mots un peu crus amènent l'ombre d'un sourire sur les lèvres de ma patiente. Encouragée par sa réaction, je poursuis :

- Je suis passée par là moi aussi. C'est déstabilisant d'avoir ton âge. Pas seulement à cause de notre corps qui change. On a aussi le sentiment qu'on a des choses à dire mais que les adultes ne nous écoutent pas. On ne sait pas ce que sera notre vie et on se pose tellement de questions qu'on a parfois l'impression que notre tête va exploser…

Je me tais pour lui laisser le temps de réagir.

- Est-ce que ça change ?
- Oui, ça passe. Mais tout ce que tu feras maintenant marquera la personne que tu deviendras : le tabac, la drogue, le sexe, ou encore une tentative de suicide…
- Ce n'était pas…
- Ça s'appelle de l'automutilation. Il y a des façons plus simples d'évacuer la souffrance ou de se faire entendre.

- Vous faisiez comment ?
- J'écrivais.
- Et maintenant ?
- Je sauve des vies.
- Sérieux ?

Je lui souris :

- Et j'écris…

Nous nous taisons toutes les deux pendant que je termine son pansement. Je ne veux pas poursuivre. C'est à elle de trouver ses propres solutions. Je ne connais pas sa vie, ni sa souffrance. Je ne sais pas ce qui l'a poussée à faire cela et je ne veux pas la juger.

- Bon, c'est fini, je vais chercher tes parents et tu devras voir le psychiatre avant ta sortie. En attendant, tu restes ici.

Je sors du box en refermant la porte et je m'appuie dessus quelques secondes pour souffler. Virginie, une des infirmières du service m'aperçoit et s'inquiète :

- Ça va ?

Je me redresse aussitôt et la rejoint en direction de la salle de soin.

- Bof… je viens de voir l'adolescente pour son poignet. J'ai essayé de lui parler mais je trouve cela tellement difficile. C'est comme si elle était imperméable à ce que je lui raconte. J'ai l'impression que j'ai réussi à l'accrocher un peu et à la faire réfléchir, mais rien n'est moins sûr !

Virginie me sourit, espiègle :

- Ce n'est pourtant pas si loin que ça pour toi ! Tu devrais t'en souvenir !

- Mon mari te dirait probablement que je suis toujours en plein dedans ! Je ne sais pas trop quoi faire de plus. Est-ce que je dois parler à ses parents ? Lui dire qu'elle doit se respecter ? Comment on parle aux jeunes aujourd'hui ?
- Certainement pas en lui disant que tu sais mieux qu'elle ce qu'elle ressent… Commence par bannir les « Je t'ai expliqué que… » « Je sais que… » « Tu devrais… ».

La voix de mon père prononçant ces mêmes mots résonne dans ma tête. Ces mots détestés qui me faisaient aussitôt réagir et m'empêchaient d'entendre le vrai message derrière.

- C'est un bon conseil, merci.

L'infirmière reprend doucement :

- Tu n'es peut-être pas non plus la mieux placée pour aider cette enfant : tu es enceinte et hypersensible et tu viens de perdre ta mère. Tu voudrais qu'elle prenne conscience de choses qu'elle n'est pas en capacité d'entendre. Tu ne peux pas forcer les idées à entrer dans sa tête, cela doit venir d'elle.
- Tu as raison… Je peux te poser une dernière question ?
- Je t'écoute.
- Tu as d'autres conseils pour une future maman ? Genre une recette pour devenir une bonne mère ?

L'infirmière me regarde avec tendresse :

- Les enfants n'ont besoin que d'une chose : que leurs parents les aiment inconditionnellement et croient en eux.
- C'est tout ?
- Tu peux lire tous les livres que tu veux, recevoir des conseils à ne plus savoir qu'en faire et consulter tous les psychologues du monde, tu ne pourras jamais avoir

aucune certitude. Il n'y a pas de bonne ou de mauvaise recette.

- Ça ne me rassure pas vraiment ça !
- Comment faisait ta mère ?

Je revois le visage de ma mère, tantôt triste, tantôt furieux, tantôt blessé, mais toujours attentif. Les mots de trop, les portes qui claquent, les gestes amorcés et laissés en suspens par peur du rejet. Je me souviens de la colère qui bouillonnait en moi, de cette envie de tout plaquer, des moments de solitude, casque sur les oreilles, dans ma chambre à écouter en boucle la même chanson, de cette impression que seuls mes amis pouvaient comprendre ce que je vivais. Je ressentis presque physiquement ce mur qui s'était glissé entre moi et mes parents sans que je le remarque. Pourtant, malgré cela, je n'avais jamais eu de doute à propos de leur amour et de leur engagement. J'ai toujours su qu'ils répondraient présents si le besoin s'en faisait sentir. Et effectivement, quand je me suis apaisée, ils étaient là, attendant mon retour, m'ouvrant les bras pour m'accueillir.

- Elle n'était pas parfaite… Ni mon père. Mais j'ai toujours pu compter sur eux.
- C'est ça être parent : on fait de notre mieux.
- Je voudrais qu'elle soit là pour m'aider.

Je me suis laissée surprendre par la violence de ce sentiment, soudainement fragile, déstabilisée par tous ces changements de ma vie, dans mon corps. Je déteste me sentir aussi vulnérable et pourtant je laisse échapper mes craintes, celles que j'aurais préféré pouvoir partager avec celle qui m'avait élevée :

- Et si mon enfant ne m'aimait pas ?

Virginie les balaye d'un rire franc :

- C'est absurde ! Ton enfant t'aimera. Au début parce qu'il est comme un miroir, puis parce que tu seras son univers. Par la suite, je te l'ai dit, il n'y a pas de recette, mais on fait de son mieux. On les aime malgré eux en espérant le meilleur pour eux. On les élève. Contrairement à ce que l'on peut penser ce n'est pas pour leur inculquer des règles. On les élève pour qu'ils se dépassent, qu'ils deviennent le meilleur d'eux-mêmes. On leur donne les outils pour comprendre ce monde et avoir confiance en eux.

Je résume, pensive :

- Leur donner confiance en eux, les aimer et faire de son mieux…

C'est dans mes cordes, il n'y a pas de raison que je n'y arrive pas. Après tout, tous les parents ont eu leur première fois et la plupart ont survécu. Malgré l'ironie de mes pensées, je me sens plus sereine. Il est temps pour moi d'aller parler avec les parents de ma patiente.

A l'accueil, deux personnes assises côte à côte relèvent la tête à l'appel de leur nom. La mère attrape la main de son conjoint en se levant. Mais ils se séparent aussitôt, comme si ce geste était incongru. Je les regarde approcher et réalise qu'ils doivent se sentir bien seuls, même côte à côte. Je songe à mes parents qui ne pouvaient s'empêcher de se toucher : une main posée sur l'épaule de l'autre, sur la taille, le cou, ou simplement unies. La chaleur des bras de mon mari me manque.

- Suivez-moi.

Je les amène jusqu'au box dans lequel leur fille les attend.

- Le geste que votre fille a fait nécessite un avis d'un psychiatre. Celui-ci ne devrait plus tarder et il voudra sûrement vous parler également. Je termine les papiers et les ordonnances et je vous revois après l'entretien pour les explications.

Les deux parents acquiescent sans un mot. Je les fais entrer et referme la porte sur eux pour leur laisser un peu d'intimité.

***

A peine deux sonneries de téléphone et mon mari décroche.

- Coucou chéri, tu vas bien ?
- Oui, répond-il d'une voix hésitante. Et toi ?
- Ça va…
- Tout va bien ? insiste-t-il.

Je souris. Il s'inquiète à cause de ma reprise. Je le rassure :

- Tout va très bien.
- J'ai oublié quelque chose ?
- Non.

Je peux presque entendre les rouages tourner dans sa tête tandis qu'il se creuse la cervelle pour deviner la raison de cet appel.

- Si tu vas bien, que je n'ai rien oublié, et que tu ne sembles pas furieuse, puis-je savoir à quoi je dois ce délicieux coup de fil ?
- Tu n'aimes pas que je t'appelle ? je lui réponds, mutine.

Yann capte l'amusement dans ma voix.

- Si bien sûr…

J'ai envie de jouer un peu, alors je continue, aguicheuse :

- Tu n'as pas envie que je te susurre des mots doux ?

Sa voix grave se fait caressante à son tour :

- Si, j'adore ça, tu le sais bien…

J'aimerai bien pousser encore ce petit jeu, surtout que mon mari a l'air aussi disposé de son côté, mais mes collègues m'attendent pour déjeuner alors j'aborde le vrai sujet de mon appel :

- Tu dois me faire une promesse…
- Ouh là… j'aurais dû me douter que c'était un piège !

Je souris en entendant sa réaction, et je poursuis :

- Promets-moi que tu garderas ma main dans la tienne même lorsque ce sera difficile.

Yann se tait à l'autre bout du fil. Il me connaît suffisamment pour savoir que sous la question anodine et un peu théâtrale, se cache autre chose. C'est pourquoi il me répond sur un ton dénué de tout amusement :

- Je te promets que je serais toujours là, à tes côtés…

Puis, irrésistiblement :

- Mais si mes deux mains sont très occupées, je ne pourrai pas tenir l'autre promesse…

Cette fois-ci, je ris franchement et je termine, en espérant qu'il percevra la suggestion :

- A ce soir, mon amour.
- A ce soir.

# 8

*Vendredi 21 juin 2002*

*Mon ange*

*Seize ans déjà que je te vois grandir et quelques mois que tu as claqué la porte du salon pour la première fois... Ce soir a été particulièrement difficile à gérer : difficile de passer outre ton regard noir, de te faire comprendre que c'est pour ton bien et pas pour te punir, de jouer mon rôle de parent tout en sachant que je te blesse parce que tu penses que je n'ai pas confiance en toi. Ce n'est pas de toi que je doute. C'est de nous. Nous et notre capacité à te protéger. J'aimerais pouvoir te l'expliquer mais je n'arrive pas à te parler en ce moment. Je te vois d'ici me répondre que nous ne pouvons pas te protéger de tout et toute notre vie.*

*Oui, cette fête de la musique est une très belle occasion d'aller t'amuser avec tes amis, mais c'est aussi l'occasion pour les monstres de se fondre dans la masse. Combien d'enfants de ton âge se font agresser ou disparaissent dans cette foule en liesse ? Trop à mon goût. A votre âge, on est plein d'insouciance : on voit le monde avec un filtre d'optimisme, sans comprendre que le « grand méchant loup » n'est pas une bête à poils qui marche à quatre pattes. Il peut se cacher chez notre voisin, un enseignant, un ami. Les gens ne portent pas leur vice sur le front, bien en évidence. Aujourd'hui, des tours s'écroulent, des avions s'écrasent, des bombes sont posées dans des poubelles publiques. J'ai l'impression de ne plus comprendre le monde, de ne rien maîtriser d'autre que ton autorisation de sortie. Tu comprendras un jour qu'être un parent, c'est savoir prendre des décisions difficiles, pour le bien de son enfant et malgré lui.*

*Ton père me dit que c'était la seule chose à faire. Je ne sais pas. J'ai conscience de laisser mon imagination entraver ta liberté.*

*Mais de toute façon, j'ai l'impression que quoique je dise, ce n'est jamais ce qu'il faut. Je marche sur des œufs. Est-ce que le problème vient de toi ? De moi ? Dois-je changer ma façon de te voir ? Je me demande parfois si tu ne luttes pas simplement contre le fantôme de celle que tu étais petite pour pouvoir devenir celle que tu seras plus grande… Peut-être ce fantôme est-il encore trop présent dans mon regard… Peut-être que le meilleur moyen de renouer des liens avec toi, c'est de laisser partir la petite fille que tu étais pour mieux accueillir la jeune femme en devenir ?*

*Tes mots ont été durs ce soir, mais c'était sans doute le but recherché : me blesser autant que je t'ai blessée en te refusant cette sortie. Je ne t'en veux pas ma chérie et, même si tu ne reviendras jamais me l'avouer, je suis sûre que tu regrettes déjà tes paroles.*

*J'espère surtout que tu sais que ma porte te sera toujours ouverte, et que le jour où tu en auras besoin, tu oseras venir vers moi…*

*Je serai toujours là pour toi.*

*Ta maman qui t'aime et qui t'aimera toujours*

- Ça a été dur l'adolescence ?

Mon père m'observe de son doux regard et me sourit. Nous sommes assis à la terrasse d'un café, en tête à tête. J'ai profité d'une journée libre pour le retrouver à son travail et il a accepté de délaisser ses plans de maison pour passer du temps avec sa fille. Il fait froid, mais c'est agréable de pouvoir sentir l'air frais, emmitouflée dans mon manteau. L'automne est bien là, les couleurs sont magnifiques et le soleil rayonne.

- Ta mère te dirait que je ne peux pas répondre à la question puisque je n'étais pas assez présent… Mais je dirais que ça a été difficile pour elle…
- Pourquoi ?
- Parce qu'elle te sentait en souffrance sans savoir comment t'aider.
- J'ai été dure avec elle…
- Avec nous ! Je me souviens encore de ce jour où tu m'as traité de sale con pour la première fois !
- Désolée…
- Pourquoi ? J'ai fait la même chose avec mes parents, c'est simplement que je n'avais pas remarqué que j'étais devenu un sale con comme mon père avant moi et probablement mon grand-père encore avant !

Il me fait un clin d'œil.

- Tu as toujours été une enfant plutôt sage et raisonnable… Ton adolescence a été à la hauteur du reste : sage et raisonnable. Ce qu'il faut de rébellion et d'indépendance sans excès et tu t'en es brillamment sortie en devenant médecin.
- Je me suis toujours demandé si maman n'aurait pas préféré que je devienne opticienne et que je reprenne son magasin…
- Non. Elle voulait juste que tu fasses ce qui te rendrait heureuse.

Il boit une gorgée de café avant de continuer :
- Mais je sais qu'elle était fière d'imaginer que sa vocation avait pu inspirer la tienne…

Je ne peux m'empêcher de sourire au souvenir des journées passées à l'observer dans sa boutique : c'était en effet de là qu'était venue ma fascination pour les relations humaines. J'adorais observer ma mère parler à ses clients, être à l'écoute de leurs souhaits et de leurs besoins. Elle voyait défiler des gens de toute sorte : des introvertis qui voulaient se cacher derrière leurs lunettes, les « sûrs d'eux » pour qui cet accessoire affirmait leur caractère, les indécis qui hésitaient de longs moments avant de finalement prendre les deux paires qui leur plaisaient… Je voulais faire comme elle plus tard : aider les autres. Puis, avec le programme de sciences du lycée, j'avais élargi mon horizon avec le fonctionnement du corps humain, l'anatomie, les dérèglements responsables des maladies… Pourquoi se limiter à l'œil quand on peut explorer le corps entier, le comprendre et le soigner ? Je ne m'étais pas posé la question bien longtemps, les études de médecine étant vite devenues une évidence. Tout était parti du magasin, la suite, je la devais à ma soif d'apprendre. Mes parents m'avaient accompagnée dans cette démarche et m'avaient trouvé un stage dans le service d'un ami qui travaillait à l'époque à l'assistance publique. Cela avait confirmé ce que j'avais déjà pressenti : je deviendrai médecin. Mais c'est grâce à leur foi en ma réussite que j'avais réussi à tenir malgré les moments de doute.
- C'est grâce à vous si j'en suis là.
- Nous t'avons juste accompagnée.

- Vous m'avez portée… tellement de fois…

Mon père ne répond pas mais dans ses yeux, je perçois facilement un éclair de fierté. Nous nous taisons, reportant pudiquement nos regards sur les passants.

- Ça fait du bien de parler d'elle.
- Elle me manque aussi, ajoute mon père sans me regarder.
- On sort avec Yann ce soir, dis-je finalement en rompant le silence qui s'était agréablement installé. On va dîner dans un restaurant qui organise une soirée jazz, est-ce que tu veux te joindre à nous ?
- Non ma chérie, j'ai d'autres projets.
- Je ne te crois pas.

Il me sourit en reportant son regard sur moi :

- Ça c'est ton problème, pas le mien. Vous avez le droit aussi de vous retrouver tous les deux… C'est important dans un couple, surtout avec un enfant qui arrive.

J'acquiesce. J'avais lancé l'invitation comme ça, sur un coup de tête, en réaction à la nostalgie de moment, sans en avoir parlé à mon mari. Il a raison, nous avons besoin de nous retrouver, mais j'ai du mal à accepter l'idée qu'il rentre le soir chez lui dans sa maison vide.

Je me force à formuler ce qui m'inquiète :

- Tu vas comment ?

Il prend un petit temps avant de me répondre avec pudeur :

- Ça va.

Je ne suis pas dupe, mais je n'insiste pas.

***

Dans les bras de mon mari, je danse au rythme du saxophone. La soirée était parfaite : le repas dans ce restaurant à l'ambiance feutrée, puis ce corps à corps, enveloppée dans son odeur, avec ses mains posées sur moi. Je me sens bien, à ma place, et rien ne peut m'arriver. Je ferme les yeux et laisse aller ma tête sur son épaule, toute ma tension envolée. Dans ce genre de moment, je n'ai aucun doute sur le fait que cet homme est l'homme de ma vie. Je suis consciente que l'arrivée d'un enfant chamboule beaucoup de choses dans un couple, mais je suis certaine aussi que nous saurons préserver ce lien entre nous. Je relève la tête, les yeux brillants pour lui murmurer :

- J'ai envie de faire l'amour.

Je sens qu'il se crispe contre moi. Je sais qu'il voudrait pouvoir me dire oui, m'aimer et me caresser comme avant, mais il a peur que ce ne soit mauvais pour le bébé, alors je le rassure :

- La gynéco m'a dit que tout allait bien et que nous pouvions recommencer sans crainte.

En rentrant, c'est donc avec une tout autre danse que nous poursuivons la nuit : une danse sensuelle et universelle. Alors que le sommeil menace de m'emporter, je ne peux m'empêcher de sourire en repensant à l'hésitation de Yann juste avant qu'il ne me fasse l'amour :

- Tu es sûre que cela ne lui fera pas de mal ?
- Certaine !

Je m'endors enfin, comblée, tout contre mon mari, mon ami, mon amant. Il est tellement de choses pour moi, mais avant tout mon futur. Notre futur.

# 9

*Jeudi 25 Décembre 2003*

*Mon ange*

*Je me souviens de ce jour où tu as appris que le Père Noël n'existait pas. Permets-moi un petit saut dans le temps pour te raconter : tu avais 8 ans à l'époque, et cela faisait déjà un certain temps que tu me posais des questions. Tu voulais que je te réponde sur l'existence de ce vieux bonhomme, mais je voulais que tu comprenne par toi-même alors je restais évasive, te parlant de magie, de croyances, de contes… La plupart de tes camarades d'école n'y croyaient plus depuis longtemps mais toi, malgré mes remarques pour te préparer à cette déception, tu continuais à le faire vivre. Jusqu'à ce que tu tombes sur les cadeaux que nous avions cachés avec ton père… Je revois encore ton sourire figé qui hésitait, incrédule. Tu m'as regardée avec LA question dans les yeux sans oser la prononcer. J'ai acquiescé, attendant ta réaction et tu t'es mise à pleurer. De gros sanglots de petite fille dans un corps déjà grand. Je t'ai prise dans mes bras, je voulais que tu me parles de ton chagrin, que tu l'évacues, que tu me cries dessus pour me dire combien je t'avais déçue pour ces histoires qui ne sont en fait que des mensonges. Tout plutôt que cette immense tristesse que j'imaginais. Aussi, j'ai été très surprise lorsque tu as enfin pu m'expliquer la véritable cause de ces larmes :*

*« Maintenant, je ne sais pas ce que je vais répondre aux autres quand ils se moqueront de moi parce que je croyais encore au Père Noël ».*

*Je pensais que tu pleurais tes rêves perdus alors que tu avais simplement peur du regard des autres ! Te souviens-tu de ce que je t'ai répondu ?*

*« Plains plutôt ces enfants qui ont perdu trop tôt la magie de Noël ».*

*De mon côté, je n'ai jamais cessé de ressentir la joie de Noël, même en ayant perdu ces illusions : me promener devant les vitrines illuminées, réaliser la décoration du sapin et de la maison, cuisiner des biscuits à la cannelle ou ouvrir mes cadeaux. Et ce matin, alors que je t'observe sans m'en cacher déballer tes surprises, je suis heureuse de voir également dans tes yeux cet éclat si particulier, malgré ton âge et nos relations tendues... C'est la trêve de Noël et l'espace d'un moment, je retrouve mon bébé.*

*C'est un défi important à relever en tant que parent : parvenir à apprendre à son enfant comment garder la capacité de s'émerveiller, alors même qu'il grandit et devient adulte. Parce que c'est important de garder une âme d'enfant. C'est elle qui nous permet de ne pas nous prendre trop au sérieux, de continuer à rire, à rêver, à dépasser les obstacles là où un esprit rationnel s'arrête.*

*C'est toi qui me l'a fait comprendre un jour. Nous étions sorties au parc, c'était un automne, tu avais trois ans.*

*Je te regardais jouer et tu t'étais arrêtée pour regarder avec fascination une feuille d'arbre tomber délicatement. Tu m'avais suppliée : « Attrape-moi une feuille d'arbre maman ! ». Tu ne voulais pas celle qui était déjà au sol. Tu en voulais une « de l'air ». Le vent soufflait par à-coups, capricieux et farceur et je me souviens m'être prise au jeu, emportée par ton rire ravi. J'avais couru après au moins une dizaine de feuilles avant de pouvoir enfin en saisir une du bout des doigts ! J'avais éclaté de rire à mon tour : je m'étais sentie si légère, si libre, pendant ces quelques minutes à courir dans tous les sens, concentrée sur mon objectif sans penser au regard des autres. Je m'étais jurée de ne plus l'oublier et de t'aider à garder cette leçon en tête : devenir adulte, c'est entrer dans un cadre de convention, mais il est vital de continuer à en sortir de temps en temps !*

*Ta maman libre et rêveuse*

*PS : Je pense que tu as compris toute seule que la fée des dents n'existait pas non plus, même si nous n'en avons jamais parlé…*

- Mes parents nous embrassent.

Yann pose son téléphone sur la table basse, puis s'assied à mes côtés. Nous nous sommes habillés, pour aller dîner chez mon père et nous l'attendons pour trinquer, mais je ne peux retenir un soupir dépité :

- C'est un peu triste de boire du coca dans une coupe de champagne, surtout à Noël.

Yann me sourit avec indulgence :

- Plus que cinq mois, et c'est pour la bonne cause !

Je caresse mon ventre qui s'est déjà arrondi :

- Tu as raison, mais quand même, cela me manque ! Je pense que tu devrais être solidaire et donner ta coupe de champagne à mon père !
- Bien sûr ! Alors qu'on ne conduit pas, je devrais me sacrifier ?
- Exactement !
- Ou alors, je pourrais boire pour deux…, par solidarité ! conclut mon mari, taquin.

Je lui réponds par une tape sur l'épaule, puis je lance, en direction de la cuisine :

- Tu as besoin d'aide, papa ?
- Je m'en sors ! J'en ai pour une minute et je vous rejoins.
- Ok

A voix basse, j'ajoute pour mon mari :

- Tu te rends compte que l'année prochaine, on aura un petit bout avec nous…
- Il paraît oui…
- Tes parents voudront sans doute qu'on vienne à Noël au moins une année sur deux…

Yann me regarde dans les yeux. Il sait que je pense à mon père et que j'imagine sa solitude une année sur deux. Il replace derrière mon oreille une mèche qui s'est échappée de mon chignon.

- J'en ai déjà parlé à mes parents. Ils ont proposé que ton père se joigne à nous. Comme ça on serait tous ensemble tous les ans.

Mon soulagement est palpable :

- Je lui proposerai.

Je l'embrasse.

- Merci d'y avoir pensé…
- J'arrive trop tôt ? demande mon père de bonne humeur. Je peux repasser dans cinq minutes si vous préférez !
- Surtout pas ! Je meurs de faim et j'ai hâte d'ouvrir mes cadeaux !

# 10

*Jeudi 10 juin 2004*

*Mon ange*

*Tu viens de commencer les épreuves du bac. C'est un moment difficile : deux ans que tu te prépares mentalement, première série de vrais examens sur table. Je ne compte pas le brevet des collèges. Cette fois-ci, avec cet examen ta scolarité s'achève. Pas le droit d'échouer, mais au-delà de cette pression, tes résultats pourraient t'ouvrir d'autres portes en termes de formation, d'avenir. A mon époque, l'expérience de terrain avait au moins autant d'importance que le bac et on pouvait très bien travailler et être reconnu sur un plan professionnel même sans avoir passé ce diplôme. Ce n'est plus le cas aujourd'hui.*

*Ces derniers jours, tu étais redevenue mon poussin : tu ne sortais de ta chambre que pour manger et te changer les idées, je m'occupais de toi pour te libérer l'esprit afin que tu te concentres sur tes révisions. Ton père ne disait rien sur la musique qui filtrait à travers ta porte. Nous étions en trêve, pour ton bien, tous tenus en haleine sans vraiment oser se l'avouer.*

*C'était amusant de pouvoir échanger avec toi sur le sujet de philo du premier jour : « faut-il chercher à tout démontrer ? ». Ton esprit rebelle aurait bien répondu un simple non, par provocation, mais heureusement pour nos nerfs à tous les deux, tu as développé. Ton père n'a rien dit et t'a simplement écouté avancer tes arguments. J'ai vu dans ses yeux toute l'admiration et la fierté qu'il ressentait. J'ai vu sa lèvre frémir chaque fois qu'il se retenait de parler. C'était ton moment, ton sujet… Mais comme je l'avais bien briefé avant, il n'a rien dit. Jusqu'au moment où tu l'as pris par surprise. Tu t'es penchée vers lui, avec ton sourire narquois et tu lui as dit en chuchotant : « est-ce que maman t'a dit de ne pas me contredire ? ». On est partis tous les trois dans un fou rire. Tu nous connais si bien !*

*Ce soir-là, ton père a réellement pris conscience de la personne que tu étais devenue. Cela faisait déjà un moment que tu en parlais mais tu es revenue sur ton rêve de devenir médecin et d'aider les autres. Je sais que tu feras un bon médecin : attentive, à l'écoute.*

*Moi aussi je suis tellement fière !*

*Mais ne mettons pas la charrue avant les bœufs… Pour l'instant, tu dois finir tes épreuves. Lundi, c'est histoire-géo et physique-chimie l'après-midi. Tu as l'air confiante. Ton père me gronde parce que j'ai recommencé à me ronger les ongles… à mon âge !*

*Je ne me souvenais plus que passer le bac était aussi stressant…*

*Fais de ton mieux ma chérie, tu vas bientôt pouvoir voler de tes propres ailes !*

*Ta maman anxieuse*

- Renfort en salle d'urgence !!

L'appel claque dans la salle de soins. Avant même que l'information arrive à mon cerveau, je suis sur mes pieds, le stéthoscope à la main. En arrivant devant le patient, je vois que le scope indique une ligne plate, l'infirmière a allongé le malade et commencé la réanimation avec un massage cardiaque :

- Il est en arrêt cardiaque, me confirme-t-elle.
- Poursuis le massage.

Me tournant vers un autre infirmier qui a répondu également à l'appel, j'exige :

- Je veux une perfusion et de quoi l'intuber. Quelqu'un pour préparer l'adré !

Je me mets près de la tête du patient et interpelle l'interne :

- Toi, sors le défibrillateur.

Puis, comme il ne va pas assez vite à mon goût, j'ajoute :

- Les palettes ! Bouge !

Ce n'est pas le moment de cocooner les jeunes. Chaque seconde compte dans une réanimation. Nous débrieferons plus tard. Pour l'instant, je m'empare du ballon de ventilation, positionne le masque, lui relève le menton et commence à souffler de l'air dans les poumons immobiles.

- Raconte !
- Il a été amené par les pompiers pour douleur dans la poitrine. Je n'ai pas eu le temps de l'installer. Il a viré au gris et puis plus rien.
- Il fait sans doute un infarctus du myocarde.

Je lève les yeux du visage inanimé du patient :

- Toi !

D'un mouvement de la tête, je désigne l'interne qui vient de finir de brancher le défibrillateur.

- Bipe le cardio et le réa. Tu leur dis de ramener leurs fesses et tu reviens aider.

Il acquiesce et file dans la salle de soins exécuter les ordres.

- Voie posée. Adré prête. Plateau d'intubation sorti avec un tube de 7,5, dit l'infirmier en posant le matériel à côté de

la tête du patient.
- Merci Alex. Prends le relais du massage.
- Reçu.
- On vérifie le rythme.

L'infirmier place ses mains sur le thorax du patient immobile tandis que sa collègue recule, essoufflée. Je place mes doigts sur la base du cou du patient et nous fixons le scope durant quelques secondes. Personne ne parle, le temps semble s'être arrêté. L'écran montre une ligne complètement plate.
- Rien.
- Injecte 1 mg d'adrénaline, on reprend le massage. Je vais l'intuber.
- Ok.

Les deux infirmiers retournent à leurs tâches respectives. Je ventile encore deux fois mon patient le temps de m'assurer que tout le matériel d'intubation est prêt. Puis je me lance :
- Je suis exposée, j'intube. Arrête de masser 2 secondes…

Je glisse le tube dans la gorge de mon patient et moins de 5 secondes après :
- Reprends le massage et Julien, tu auscultes.

Le ballon qui était branché au masque se retrouve sur le tube et j'ai repris la ventilation. L'interne qui vient de revenir s'exécute pour vérifier le positionnement du tube.
- Ça ventile bien des deux côtés.
- Bien. Allumez le respirateur, on va le brancher. On en est où de l'adré ?
- 1ère dose il y a 4 min.
- Ok, lance la 2ème dose.

Les réanimateurs et le cardiologue arrivent en même temps.

- Qu'est-ce qu'il se passe ?

Je leur fais un bref résumé de ce qui a été fait et des informations que nous avons.

- La 2ème dose a été donnée quand ? demande le réanimateur.
- Il y a une minute.
- Arrêtez le massage…

Sur le scope cette fois-ci, la ligne ondule de façon anarchique.

- Il fibrille, chargez les palettes…

Un bip strident retentit puis trois signaux brefs.

- Reculez-vous !

Tout le monde s'écarte.

- On choque.

Le réa appuie sur le bouton et le corps du patient se raidit sous le choc électrique. Nouvelle pause, nouveaux regards sur le scope :

- Il a repris une activité.

Effectivement, cette fois-ci, un rythme apparait, régulier. Je vérifie en posant mes doigts sur le cou de mon patient.

- J'ai un pouls.
- Ok, répond le réanimateur. On ne traîne pas, on l'emmène en coro.
- La salle est prête pour déboucher cette artère ! valide le cardiologue. Au fait Mélanie, transmets à ton interne que la prochaine fois qu'il me dit de bouger mes fesses, il se prend mon pied au cul.

Tout le monde disparaît comme par magie avec le patient, nous laissant seuls avec l'interne et l'infirmière. Alexandre est allé avec les équipes accompagner le patient en salle de coronarographie.

- Julien !

L'interne s'approche, conscient de sa maladresse.

- Je suis trop fatiguée pour te dire ma façon de penser, surtout que tu vas le prendre à la lettre ! File !

Comme chaque fois, la décharge d'adrénaline me laisse complètement vidée. Je contemple la salle dans laquelle je me trouve maintenant seule : des traces de sang, vestiges de la perfusion posée en urgence, l'enveloppe des patchs et de la sonde d'intubation à terre, les fils qui pendent, les tiroirs ouverts. On pourrait croire qu'un ouragan est passé par là.

- Bon, ben ça, c'est fait…

Jennifer, l'infirmière revient vers moi et me sourit, soulagée.

- On l'a récupéré !
- Oui…

Oui on l'a « récupéré ». Je me laisse envahir par un puissant sentiment de fierté. C'est bien pour sauver des vies que j'ai choisi ce métier. Je tends la main à Jennifer qui tape dedans en réponse. Je vais vers Julien pour lui taper dans le dos :

- Bravo…

Il me regarde, inquiet :

- Dans le feu de l'action, il arrive que l'on dise des choses sans réfléchir. Le Dr Patin ne t'en tiendra pas rigueur et moi non plus, mais quand je te transmets un message, tu as le droit de l'adoucir avant de le transmettre. Ce que moi, en tant que senior je m'autorise à dire à mes pairs ne passe pas forcément lorsque cela vient d'un interne.

Il esquisse un pauvre sourire. Je crois qu'il a compris la leçon. Et maintenant, retour à mes consultants, parce que c'est aussi ça les urgences : des montagnes russes émotionnelles.

A un moment, tu arraches quelqu'un à la mort et l'instant d'après, tu soignes une entorse.
A l'accueil, personne n'a réalisé le drame qui vient de se jouer. Certaines personnes vont continuer à râler à cause de l'attente, mais cela m'est égal. Après ce que je viens de faire et de vivre, ça n'a pas d'importance !
Je sens ma main trembler légèrement, je vais me préparer un thé sucré et manger un morceau avant de faire une hypoglycémie. La décharge d'adrénaline nous permet d'être rapidement efficaces, mais elle est aussi très vite suivie d'une sensation de vide et de faiblesse. Je sais qu'une fois mon taux de sucre remonté, cette sensation désagréable se transformera en bien-être sous le coup des endorphines : pas étonnant que certains deviennent accros aux sensations fortes. Je pose une main sur mon ventre, soudain inquiète à l'idée que ce stress puisse avoir des répercussions sur mon bébé.

***

- Tu devais te ménager !
Yann est furieux. Je l'observe tourner en rond dans le salon sans me regarder. Je ne sais même plus ce qui m'a poussé à lui en parler. Enfin si, je voulais implicitement qu'il me rassure mais au lieu de cela, il n'a fait qu'exprimer tout haut mes craintes. Je réagis aussitôt, avec toute ma mauvaise foi :
- Et tu voulais que je fasse quoi ? Que je le laisse mourir ?
Il s'arrêt de marcher et me fixe d'un air froid :

- Non. Que tu laisses ta place à quelqu'un d'autre. Après tout, tu n'es pas le seul médecin dans ces urgences !

Je ne réponds pas à sa question rhétorique. Bien sûr qu'il y avait d'autres médecins présents. Il a raison, un de mes collègues aurait pu prendre ma place. Et pourquoi diable est-ce que je me sens en colère contre lui ? Si j'avais de nouveau perdu du sang, je m'en serais voulu, sans parler de ce qui se serait passé si j'avais perdu le bébé. Je sens mes épaules s'affaisser en réalisant ce qui aurait pu arriver :

- Je suis désolée, lui dis-je dans un murmure.
- Non, tu n'es pas désolée de ce que tu as fait.

Il n'est pas prêt à laisser passer cette fois. Il reprend sa marche, furieux :

- Parfois, je déteste vraiment ce travail ! Il passe toujours au premier plan et je refuse qu'il me vole cet enfant ! C'est aussi mon enfant.

Les larmes me montent aux yeux. Il a raison. Il a le droit d'être en colère. Une fois encore je n'ai pas pensé aux conséquences. Cela devient une habitude. Il se rapproche de moi et reprend, plus doucement cette fois-ci :

- Je sais que tu es désolée d'avoir pris des risques pour notre bébé, mais c'est avant que tu dois y réfléchir. Tu as des collègues compétents qui peuvent très bien te remplacer dans ces situations.
- Je ferai attention la prochaine fois.

Il me prend enfin dans ses bras en soupirant et m'attire contre lui.

- Je le sais, de toute façon, je n'arrive pas à t'en vouloir quand tu me fais tes yeux de cocker…

- Je n'ai pas des yeux de cocker.
- Si, et c'est même ton arme la plus redoutable !

# 11

*Jeudi 25 novembre 2004*

*Mon ange*

*Ça y est ! à peine les résultats du bac en poche, te voilà partie. Je t'ai accompagnée en juillet pour déposer ton dossier d'inscription à la fac de médecine. Ce grand bâtiment de vieilles pierres en plein cœur de Paris était impressionnant. En regardant le ciel nuageux, cela me donnait la sensation qu'il allait nous tomber dessus. Tu m'as rassurée : « c'est un effet d'optique lié aux nuages ». J'avais failli te répondre que je le savais, mais je me suis retenue : quelle importance cela aurait eu d'étaler ma science devant toi ? Je préfère te voir gagner en assurance. Après tout, tu seras bientôt en mesure de m'apprendre beaucoup de choses que j'ignore, tu auras des connaissances et un métier bien à toi et tu ne le devras ni à ton père, ni à moi. Après de longues vacances d'été (vive la vie d'étudiant !), tu as fait ta rentrée sans moi : aucun parent n'accompagne son enfant à la fac. Ce n'est pas faute d'en avoir eu envie. J'aurais voulu être une petite souris sur les bancs, pour voir de mes propres yeux ce que tu nous as raconté de ce premier mois : la compétition assez rude, les doublants qui perturbent les primants en parlant, en lançant des avions, la nécessité, pour suivre l'enseignement, d'être aux premiers rangs. Je ne me souviens pas de cette pression incroyable qui vous amène à vous adapter en quelques semaines et pourtant, j'ai fréquenté quelques amis de médecine… Mais c'était une autre époque, avant le numerus clausus. Lorsque c'est ton tour, tu te lèves très tôt le matin pour être devant la fac avant l'ouverture des portes, puis arriver rapidement dans l'amphi et réserver les places pour ton groupe. J'imagine qu'il n'y a pas grand-chose à manger en dehors de sandwichs. Je préfèrerais que tu te nourrisses un peu mieux, mais c'est moins pratique de manger un hachis parmentier maison quand on révise sur son banc. Heureusement que tu t'es fait un petit groupe d'amis malgré l'ambiance du concours qui, elle, favoriserait plutôt suspicion et jalousie. En attendant, je te prépare des petits plats pour le soir, quand tu rentres.*

*Je trouve cela un peu étrange de former ainsi nos futurs médecins. Mais quand je dénigre ces pratiques, tu me répliques que « passer en deuxième année, cela se mérite ». Tu changes, tu t'affirmes de plus en plus.*

*Je sais que tu as déjà parlé avec ton père de l'idée de prendre une chambre à côté de la fac. Il a entendu tes arguments et me les a fidèlement rapportés : moins de transport, plus de temps pour travailler, pas de contrainte horaire liée à la vie en communauté. Mais qui veillera sur toi ? Sur ce que tu manges ? Sur ton sommeil et ta santé ?*

*Il va me falloir céder du terrain, bientôt, mais pas avant que tu n'aies abordé toi-même le sujet. J'ai pris note des petits cailloux que tu as commencé à semer : le trajet qui te fatigue, cette réflexion sur la chance que ta copine a d'habiter une chambre d'étudiante à 10min à pied. Tu sais que ton père m'a parlé et je sais qu'il t'a déjà dit que nous avions commencé à regarder les petites annonces. Alors pourquoi continuer ce jeu de dupe en faisant comme si ce problème n'existait pas ? Parce que je ne suis pas prête à prendre les devants. Je vais simplement attendre que tu abordes le sujet, puis je te culpabiliserai un peu avant de me laisser convaincre. Au fond de moi, je sais que c'est l'unique chose à faire : te laisser partir et te redire que nous serons toujours là pour toi. Je me console en pensant que ce ne sera que pour la semaine et que tu continueras à rentrer nous voir tous les week-ends pour nous raconter ta nouvelle vie, te reposer et laver ton linge. Je veillerai à ce que ton père maintienne toujours cette vieille machine en état de fonctionnement et de mon côté, je continuerai tous les week-ends à te préparer les plats que tu aimes. Ton père râlera sûrement sur les restes que nous aurons à finir pendant la semaine. Je vois déjà le tableau ! Ce sera une maigre punition pour lui et une petite consolation pour moi puisqu'il sera responsable de ton départ !*

*Ta maman d'une grande mauvaise foi*

« En présence des Maîtres de cette École, de mes chers condisciples, je promets et je jure, au nom de l'Être Suprême, d'être fidèle aux lois de l'honneur et de la probité dans l'exercice de la Médecine… »
Tandis que j'assiste au serment d'Hippocrate qui clos la thèse de mon interne, je repense à mes propres années d'études passées entre ces murs. Cette salle où j'ai moi-même présenté ma thèse il y a presque trois ans. La cafétéria en bas qui, même réaménagée est toujours aussi bruyante et pleine de vie, le grand hall qui m'avait tant impressionnée la première fois que j'y avais mis les pieds le jour de mon inscription, le bac fraîchement en poche. Toutes ces années passées à ingurgiter des livres, des exercices, des planches d'anatomie, à rire avec mes futurs confrères, à stresser lors des examens et surtout du concours de première année. Cette première année que l'on voudrait oublier dès qu'elle est réussie.

Si je devais croiser la Mélanie de l'époque, j'aimerais pouvoir la rassurer et lui dire qu'elle a eu raison de se battre pour passer le concours. C'était dur, c'était une année « trou noir » comme j'aimais le répéter à l'époque, mais ça en valait la peine.

En sortant de la salle des thèses, je décide de prendre l'escalier, et je laisse courir avec nostalgie ma main sur la rambarde de pierre. Puis, mue par une soudaine envie, je termine de les descendre en courant, et tourne à droite vers la bibliothèque. Le vigile à l'entrée ne me demande même pas ma carte et me laisse passer sans un sourire. De l'autre côté du portique magnétique, tout est plus lumineux : l'éclairage artificiel renforce l'éclat des étagères et des tables immaculées. Partout sont étalés des livres, des cahiers, des trousses, parfois avec un étudiant devant, parfois non. Je m'avance vers les rayonnages faisant mine de chercher un livre en particulier. C'est ici que j'avais passé presque tout mon temps la première année : je me levais avec la médecine, vivais avec la médecine, mangeais avec la médecine et m'endormais en récitant mes cours, tout cela au rythme des horaires d'ouverture et de fermeture de cet espace.

Une fois la première année passée, j'avais eu la chance de rencontrer sur ma route des mentors qui avaient continué à instiller en moi les bases pour que je devienne le médecin que je suis devenue aujourd'hui, à commencer par mon oncle. J'espère à mon tour pouvoir jouer le même rôle pour les internes qui passent dans mon service, leur montrer comment devenir un bon médecin. Non pas que j'ai la prétention d'en être un, mais je voudrais qu'ils sortent de

mon service avec la notion que le critère essentiel pour devenir un médecin de qualité est l'humilité. Devant la maladie il faut savoir accepter les limites de notre savoir. Nous ne sommes que des êtres humains et en tant qu'être humain, il peut nous arriver de nous tromper ou de ne pas comprendre. Les médecins dangereux sont ceux qui préfèrent jouer avec des vies plutôt que de paraître ignorants aux yeux de leurs pairs ou de leurs patients. Oui, l'humilité est la principale qualité requise pour être un bon médecin, avec la curiosité. Toutes deux sauvent des vies, en amenant les professionnels à se questionner sur leurs pratiques, à se remettre en cause et à mettre à jour leurs connaissances.
Je consulte ma montre. Il est temps de rentrer.
Ce petit bain dans le passé m'a fait du bien : un retour en arrière pour valider mes choix d'avenir. Je regagne l'entrée principale et sors dans la rue. Il fait déjà nuit et l'éclairage s'est allumé. Le vieux bâtiment n'a pas changé de l'extérieur. Il se dresse en plein cœur de Paris, recevant fièrement de nouvelles générations d'étudiants, et ce soir, dans la pénombre de la nuit et des lueurs artificielles, il me sourit. Je lui fais un clin d'œil complice avant de m'éloigner et gagner la bouche de métro la plus proche.

# 12

*Jeudi 15 juin 2006*

*Mon ange,*

*Même maintenant que ta première année est passée, la plus difficile d'après tout le monde, tu as gardé ta chambre d'étudiante. Tu chéris ton autonomie et j'aime les week-ends où tu reviens nous voir.*

*Il nous a fallu un peu de temps à ton père et moi, mais nous avons fini par retrouver nos marques en tant que couple. Le lundi, nous sommes inscrits à un cours de danse de salon. Depuis le temps que j'en avais envie ! Cela nous a aidé à nous retrouver et je sais que ton père apprécie ce moment, même si ce n'est pas un grand bavard. Notre quotidien ne tourne plus autour de toi mais tu restes mon petit satellite et j'ai soif de toutes les informations que tu me donnes sur ta vie, tes stages, les cours… Tu nous parles souvent du Bureau Des Etudiants, des soirées que vous organisez, des séjours, du club de foot que vous avez monté. Tu débordes d'énergie et d'envies. Tu vis et profites de Paris. Moi, j'ai fait toutes mes études à Nantes et crois-moi, cette ville était sans doute aussi vivante que la tienne. J'avais deux amis en médecine qui nous emmenaient à toutes leurs soirées et je me souviens de cette période comme d'une période très lumineuse, un peu folle, où tout allait trop vite. Une sorte de tourbillon où on enchaînait les soirées avec les journées de cours et parfois, les journées de travail. Le BTS se faisait en alternance, et mes amis eux allaient en stage à l'hôpital, mais la fatigue ne nous empêchait pas de remettre cela la semaine suivante voire même le week-end suivant…*

*Je ne t'en ai encore jamais parlé parce qu'un parent n'a pas envie de montrer cette image à son enfant : l'image de quelqu'un qui a pris de l'alcool… trop d'alcool parfois, qui a passé des nuits blanches, embrassé un inconnu dans une soirée, bref… qui a vécu une vie avant de devenir parent. On préfère montrer une image respectable, de quelqu'un de raisonnable qui ne déborde pas. Et pourtant, ne devrait-on pas plutôt montrer que nous sommes nous aussi des êtres humains ? Que ces expériences nous ont permis de tirer des leçons et que justement ce sont ces leçons vécues qui ont le plus d'importance et doivent être transmises ?*

*J'en suis convaincue mais je n'ose pas les partager avec toi. J'ai un peu peur du regard nouveau que tu pourrais porter sur moi. Je préfère te les écrire, pour plus tard.*

*Ce qui m'a décidé à t'écrire cela ce soir, c'est cette soirée de laquelle tu viens de rentrer. Tu nous as demandé de venir dormir à la maison car c'était plus prêt que ton studio. Je n'ai pas pu m'endormir avant de t'entendre rentrer. Ton père ronfle déjà depuis deux heures au moins. Il est serein, moi, beaucoup moins. Tant que ta vie se passe loin, je peux imaginer que tu ne fais pas d'excès. Mais ce soir, j'appréhendais de découvrir que je me trompais, et donc le sommeil m'a fuie. Jusqu'au bruit de la serrure qui s'ouvre, de la porte qui se ferme et de tes pas dans l'escalier. Je suis sortie de ma chambre pour t'observer. Tu sentais l'alcool et tes vêtements étaient noirs de terre. Quand nos regards se sont croisés, tu as ri de la tête que je faisais. J'ai aussitôt pensé que tu avais trop bu et tu sentais la cigarette… Alors pour moi, cela validait le scénario qui tournait en boucle dans ma tête.*

*J'aurais dû te parler de la drogue, de l'alcool, aborder avec toi ces sujets qui, sans être tabous, sont souvent évoqués trop tard. On ne mesure pas toujours à quel point l'alcool est banalisé, présenté comme une sorte de rite de passage, par les jeunes dès qu'ils sont en âge d'en prendre (voire même avant), mais aussi par les adultes. Combien de fois lors de week-end entre amis, on entend les phrases de type : « Viens, tu es en âge de boire », « Je veux être là pour sa première cuite », « une gorgée de champagne ne lui fera pas de mal »... Nous les premiers, en prenant du vin à table de façon quasi quotidienne. Mais on ne parle pas des graves conséquences sur le foie, sur le cerveau, des comas ou des accidents de la route que cela peut engendrer. Tabous également ce sentiment de puissance et d'euphorie que l'on ressent après une consommation importante, cette impression que nos soucis s'éloignent et le fait qu'ils reviennent en force dès que l'effet s'est dissipé. Il est facile de vouloir y retourner, d'y prendre goût et de chercher toujours plus d'effet… de tomber dans l'abus. Je devrais avoir confiance en toi, en ta capacité à mesurer les risques mais j'ai aussi le sentiment de ne plus rien maîtriser de ton environnement depuis que tu vis ailleurs.*

*Contrairement à moi, au lycée, tu avais su résister à la pression sociale et tu n'as jamais fumé. Je n'avais pas su dire non à la première cigarette, si tentante, pour faire comme les autres. Elle s'était révélée écœurante, j'en avais pleuré, je m'étais étouffée avec la fumée, mais j'avais continué parce que j'étais « une fille cool ». Et la première en avait entraîné beaucoup d'autres avant que l'envie d'arrêter ne se fasse sentir.*

*« Est-ce que tu te drogues » ? C'est la question que je n'ai pas pu retenir ce soir-là. Ce n'était pas « est-ce que tu as bu ? » ni « tu sens la cigarette… tu t'es mise à fumer ? » Non… je t'ai demandé directement si tu te droguais. Je ne sais pas pourquoi… peut-être qu'inconsciemment je savais que tu me dirais non et que cela t'amènerait à m'avouer quelque chose de moins grave. Tu as ri de nouveau, un rire enfantin*

*mais étonnamment lucide. « Non » as-tu répondu. Puis, après une petite pause, tu as ajouté : « je n'ai même pas bu, ce soir, c'est moi qui ramenais tout le monde. Par contre, je crois que je suis bonne pour mettre mes affaires directement dans la machine ! » Puis tu es allée dans la salle de bain et la discussion était close. Tu ne m'avais jamais menti et je venais de comprendre que cette fois encore, c'était la pure vérité. Je suis retournée me coucher en fixant le plafond, sans pouvoir dormir. Tu chantonnais sous la douche et j'ai compris que si ce n'était ni l'alcool, ni la drogue qui te rendait si euphorique, c'était sans doute que tu avais rencontré quelqu'un… »*

*Ta maman*

- Tu veux un autre café ? demande Yann
- Non, je ne préfère pas, ce n'est pas bon pour le bébé. Je surveille ma consommation.

Mon mari émet un sifflement admiratif :

- Eh bien dis donc, toi qui carburais au café !
- Oui, et bien maintenant, JE fais attention à ce qui entre dans mon corps à cause de ce que TU as mis dedans !

Je désigne mi-amusée, mi-agacée mon ventre qui pointe de plus en plus maintenant que je ne le cache plus.

- Et tu t'énerves parce que… ?
- Assume et soutiens-moi !
- Et tu voudrais que je fasse quoi ? Que j'arrête le café ? Comme ça on sera tous les deux sur les dents et on verra qui survit ?
- Forcément, maintenant que je n'ai plus mes règles, il faut

que tu trouves une autre explication à ma mauvaise humeur ! Ça fait un moment que j'ai réduit ma consommation, mais tu n'as rien remarqué c'est tout !

- Ok, ok, je me rends, répond mon mari en levant les bras.

Je me radoucis et lui explique :

- J'ai mal à la tête…
- Tu veux du paracétamol ?
- J'essaie d'éviter, mais je crois que pour cette fois-ci je vais faire une exception…

J'avale les deux comprimés avec de l'eau.

- Tu n'imagines pas les migraines que je me suis tapée quand j'ai réduit la caféine. C'est effrayant de se dire qu'après tous mes efforts pour ne jamais fumer, je suis quand même devenue accro à quelque chose…

Mon mari m'enlace par derrière et m'embrasse dans le cou.

- Ça pourrait être pire, tu ne crois pas ?
- Je déteste laisser les choses décider à ma place !
- Alors le café n'a qu'à bien se tenir.

Je ris, me retourne pour passer mes bras autour de son cou et l'embrasser tendrement sur les lèvres. Je vois qu'il a déjà son manteau :

- Tu pars tout de suite ?
- Oui, pas toi ?
- Non je ne travaille pas ce matin, je me suis inscrite à un cours de sophrologie à la piscine…
- Ça consiste en quoi ?
- Imagine quinze femmes enceintes qui pataugent jusqu'au cou dans un bassin pour ouvrir leurs chakras…
- Sexy !

- Idiot, je réponds en riant. Il parait que c'est génial. C'est une copine du boulot qui m'a conseillé de faire ça. Elle m'a juste dit de ne pas préciser que j'étais médecin.
- Bizarre comme remarque.
- C'est ce que je me suis dit, mais c'est sûrement pour éviter que les mamans ne me posent des questions médicales. Et puis, cela ne me dérange pas d'y aller incognito, là je ne suis pas médecin, je suis juste une femme enceinte de son premier bébé et qui a besoin de conseils…
- Bonne séance alors, à ce soir.

Il m'embrasse une dernière fois.

- Encore !
- Quoi ?
- Encore !

Il recommence, surpris et je ronronne :

- J'adore ton odeur !
- Tu veux dire celle du café que je viens juste de boire ?

Je m'étonne innocemment :

- Ah c'est du café ?
- Accro !
- Moi aussi je t'aime. N'oublie pas le 1er cours de préparation à l'accouchement !
- Il va falloir que j'en parle à Mickaël et que je pose une demi-journée alors.
- Tu fais comme tu veux mais tu te débrouilles pour être là. Pour le meilleur et pour le pire, j'ajoute en brandissant mon alliance, tu as promis.
- C'est à ce point ?

Sans daigner lui répondre, je le pousse :

- File, ce n'est pas le moment d'être en retard.

Il sort de l'appartement, légèrement inquiet. Quant à moi, je termine de ranger la table, attrape mon sac de piscine et sors à mon tour, sourire aux lèvres, bien contente du petit tour que je viens de lui jouer. Je le trouve un peu trop à l'aise avec la situation. Jusque-là être papa est assez facile : c'est moi qui fais tout le boulot. Je dois faire attention à mes activités, ce que je bois et même ce que je mange ! Cela ne lui fera pas de mal de se poser quelques questions.

***

- Bonjour mesdames et bonne année ! Pour celles qui ne me connaissent pas, je m'appelle Garance et je suis sophrologue. L'objectif de ce cours est de vous donner pour le « jour J », des moyens de contrôler votre douleur par la respiration. Nous avons une nouvelle participante. Pouvez-vous vous présenter rapidement ?
- Oui, je m'appelle Mélanie, et c'est mon premier enfant.
- Bien ! Tu travailles ?
- Oui.

Sentant que Garance attend une précision, je poursuis de façon évasive :

- Dans les soins.
- Tu prends soin des gens, c'est un beau métier.

Est-ce qu'elle est sérieuse ? Ce n'est pas un métier !

- Dans quelle branche précisément ?

Aïe…

Les autres visages tournés vers moi attendent une réponse.

Ils sont amicaux mais je me sens malgré tout coincée. Je repense à ce que m'a dit ma collègue et j'opte pour un petit mensonge :

- Esthétique.

Un demi-mensonge : après tout quand je suture une plaie c'est un acte esthétique non ?

- Une esthéticienne !

Mes partenaires de barbotage s'extasient.

Pourvu qu'aucune d'entre elles ne me demande de lui faire le maillot !

Heureusement pour moi, Garance tape dans ses mains pour signaler le début de la séance :

- Bien ! Nous allons commencer. Pour celles qui n'étaient pas là lors de la première séance, nous commencerons d'abord par quelques minutes de relaxation avant d'attaquer les exercices. Mesdames, allongez-vous dans l'eau en prenant le plus d'espace possible. Sortez le ventre et laissez-vous flotter.

Je me laisse aller dans l'eau, en suivant ses consignes à la lettre et ferme les yeux. Un remous me berce agréablement. Le poids de mon corps me semble enfin supportable, et au bout de quelques minutes à peine, mon dos se libère de tensions que je n'avais même pas soupçonnées. Je laisse mes muscles se relâcher peu à peu. Bercée par la voix lointaine de la sophrologue qui évoque les marées montantes et descendantes, je me laisse complètement aller, enfin.

- Maintenant que tout le monde est détendu, vous pouvez vous relever doucement et nous allons commencer les exercices de respiration.

Je me relève, agréablement surprise par le sentiment de légèreté que je ressens. Alors que je n'avais pas réellement conscience d'être particulièrement à cran, c'est comme si je venais de me libérer de toutes mes tensions dans l'eau. Même les appréhensions que j'avais envers cette femme alors que je ne la connais même pas ! Je devrais plus souvent prendre le temps de me relaxer au lieu de courir à droite à gauche pour faire tout et de plus en plus vite. J'observe Garance qui nous montre les mouvements suivants et comme les autres femmes, je commence à gonfler sa poitrine, puis à souffler par petits coups.

La sophrologue continue son cours :

- Vous connaissez toutes cette respiration, c'est celle que l'on voit parfois dans les films et que l'on appelle « le petit chien ». Cette méthode vous permettra de vous détendre et de contrôler votre douleur lors des contractions. En dehors d'une contraction, on fait des respirations amples, et lorsque l'on sent la douleur monter, on accélère le rythme, on se détend et on l'accueille comme une amie. C'est grâce à elle que vous tiendrez bientôt votre merveilleux bébé dans vos bras, ne l'oubliez pas.

Je ne peux m'empêcher de glousser :

- Ce n'est pas la douleur qui me donnera mon bébé et Madame péridurale est très efficace aussi !

Je suis plutôt fière de ma répartie, mais malheureusement, Garance a tout entendu et elle me répond d'un ton condescendant qui me hérisse aussitôt :

- Je vous conseille d'oublier la péridurale, ma belle, c'est de la drogue qui va vous soulager mais qui ira directement dans le sang de votre bébé. C'est dangereux pour lui.

Une femme sur ma droite réagit plus rapidement que moi :

- Pourquoi les médecins la proposent-ils dans ce cas ?
- Pour remplir leurs quotas, répond la sophrologue comme une évidence. Pas d'acte, pas d'argent. C'est comme cela que fonctionne le système de santé de nos jours : on a créé un besoin et on veut nous faire croire qu'il est indispensable, mais c'est faux. Des millions de femmes ont accouché avant vous sans péridurale et elles ont donné naissance à de beaux bébés bien portants.

Je fixe la soit disant professionnelle. Toute la tension dans mon corps est revenue d'un coup et je sais que cela se lit sur mon visage et dans mes sourcils froncés. Je meurs d'envie d'intervenir mais suis-je bien légitime dans ce débat en tant qu' « esthéticienne, enceinte de son premier enfant » ?

- En Afrique, l'accouchement est un rituel. La douleur se respecte car elle fait partie du cycle de la vie et l'on accouche chez soi, entourée de sa famille. A ce propos, je sais que certaines d'entre vous ont exprimé l'envie d'accoucher à domicile et je trouve cela formidable !
- J'en ai fait la demande à ma sage-femme, lance une des participantes, mais elle m'a dit qu'elle ne pourrait pas me suivre et que c'était trop dangereux !
- C'est ce que les médecins et les soignants veulent vous faire croire, mais comment faisait-on avant ? On accouchait chez soi et cela se passait très bien !
- Il y avait quand même beaucoup plus de morts chez les mères comme chez les enfants !

Tous les visages se tournent vers moi, mais je ne pouvais quand même pas me taire en entendant toutes ces bêtises !

- Je connais beaucoup de femmes qui ont accouché sans problème, me contre notre monitrice.
- Oui, il y en a aussi qui traversent sans regarder et qui ne se font pas écraser !

C'est comme dans un match de tennis, les visages suivant les réparties, et si je me fie aux regards noirs et aux expressions mécontentes, je suis loin d'avoir la cote.

Arrête-toi là, c'est inutile de continuer.

Je comprends maintenant pourquoi ma collègue m'avait conseillé de ne pas parler de mon vrai métier. Je prends une grande inspiration et souffle longuement exactement comme Garance vient de nous apprendre. Notre échange a déclenché des questionnements parmi ses ouailles :

- Vous croyez que l'on va nous obliger à accepter la péridurale ?
- Non, vous avez le droit de refuser. Je dirai même que pour la santé de votre bébé, vous devez la refuser !
- Ah oui ? Je ne peux m'empêcher de grincer.

Garance poursuit en terrain conquis, toute l'attention désormais tournée vers elle :

- Je connais une femme à qui on a fait la péridurale trop tôt. Le produit a stoppé les contractions et le bébé, pensant que le travail était terminé et qu'il était sorti, a relevé la tête. Résultats, impossible de réaliser l'accouchement par voie basse, ils ont été obligés de lui faire une césarienne.

Je me mis à tousser violemment.

- Ça va ? s'inquiète tout de même l'enseignante.
- Oui, j'ai juste quelque chose qui m'est resté en travers de la gorge.

- Vous avez bu la tasse ?

Non je parle de ta connerie.

- Ça doit être ça… je buvais vos paroles.

Très loin de percevoir l'ironie de mon ton, elle répond :

- Ah, c'est gentil. Bon, le cours est terminé. On se revoit la semaine prochaine mesdames ?

Je ne pourrai pas, j'ai « aqua poney »

***

- C'était juste incroyable d'entendre toutes les âneries qu'elle a pu sortir !

Je marche dans la rue d'un bon pas, les cheveux encore humides et le téléphone collé à l'oreille.

- Je pense que j'aurais dû insister… Mais je ne suis pas certaine que cela aurait changé quelque chose. Tu aurais dû les voir toutes, qui l'écoutaient comme si elle était le Messie.

Je soupire.

- Bon d'accord, j'exagère peut-être un peu, mais je trouve que cela se rapproche d'un abus de faiblesse. Les femmes sont vulnérables à ce moment de leur vie, on est prêtes à écouter quelqu'un qui s'affiche comme une soignante, donc digne de confiance ! Il y a des sophrologues très bien, mais également de sacrés charlatans. Et nous balancer des généralités et des absurdités comme étant des faits scientifiques ne me donne aucune envie de lui faire confiance. Si encore elle nous avait sorti quelques chiffres concrets… Par exemple, j'ai lu qu'aux Pays-Bas une femme sur six accouche chez elle, de façon organisée, pas sur un coup de tête de dernière minute ! Mais tu penses bien qu'elle n'a pas dû voir passer cet article ! Elle est tellement obtuse ! Et si tu avais pu entendre son histoire de bébé sous péridurale qui relève la tête ! « Ah tiens, plus de contraction, je crois bien que je suis sorti, si je jetais un œil ? ». Même toi tu aurais halluciné. Oui la péridurale peut ralentir le travail. C'est pour cela qu'on ne la propose qu'une fois celui-ci bien avancé. Mais qu'est-ce qu'elle va croire ? Que la nuit, on rêve de piquer plus de péridurales que le médecin de garde la veille ? Les médecins aussi sont là pour prendre soin ! Ce n'est pas parce que je ne conseille pas à mes patients de barboter dans l'eau une fois par semaine que je suis moins à l'écoute !

Quand j'arrive devant ma voiture ; un bip retentit dans mon oreille. Je raccroche et rappelle d'une voix plus calme :

- Même ton répondeur a saturé. Je sais ce que tu vas penser en écoutant, mais sache que j'ai quand même réussi à me détendre. La piscine m'a fait du bien. En revanche, hors de question que je retourne dans cette secte. Je vais faire quelques courses avant de rentrer. Si tu as besoin de quelque chose, envoie-moi un message. Je t'aime. A ce soir.

Je mets de nouveau fin à l'appel, et monte dans la voiture.

# 13

*Vendredi 18 août 2008*

*Mon ange*

*Le week-end dernier, tu es venue nous voir, comme presque tous les week-ends, mais cette fois-ci, pour ne plus repartir. Depuis ce retour que j'espérais secrètement, tu n'as pas quitté ta chambre et tu pleures. Cela fait quelques mois que je sens venir le clash. Plus exactement, depuis que tu as emménagé avec Quentin, ton petit ami. Il est aussi en médecine, dans la promotion au-dessus, et vous vous étiez rencontrés à cette fameuse soirée médecine. C'était lui, le responsable de ton sourire et des étoiles dans tes yeux. Tu nous l'as présenté quelques semaines après votre rencontre et après un an tu as quitté ton studio. Nous trouvions cela un peu rapide, mais c'était ton choix. C'est terminé maintenant et c'est aussi bien comme ça. Il avait une façon sournoise, sous couvert d'humour, de te dévaloriser : tu étais toujours trop ceci, pas assez cela... Dans l'euphorie du début de votre relation, tu n'en avais pas conscience, mais cela nous agaçait ton père et moi. Nous ne disions rien, parce que tu étais heureuse et que tu n'aurais pas compris notre réaction. Naturellement, en tant que parents, nous pensons que tu mérites un homme qui te respectera autant que tu le respecteras, sinon plus, un homme dont les yeux brilleront en te regardant, qui sera fier de la personne que tu es, entièrement et pas seulement sur certains aspects. Il n'était pas cet homme-là et ne le sera jamais.*

*Il a fallu que tu découvres sa liaison pour comprendre qu'il n'en valait pas la peine. Ma crainte est que tu finisses par lui pardonner et lui donner une seconde chance. Qu'il essaie un peu… Si tu n'as pas la force de le rejeter je le ferai pour toi. Je me battrai pour cela, parce qu'il n'est pas digne de ton amour. Aimer c'est faire un choix : celui de choisir son compagnon, toujours. C'est parfois difficile, on peut avoir des doutes, des engueulades, des coups de cœur, mais au final, c'est toujours l'autre qui est prioritaire. Si ce n'est plus le cas, s'il n'y a plus d'amour, alors on fait encore le choix de faire passer l'autre avant nous-même : on le quitte, on prend le risque de finir seul, de commettre une erreur. Parce que lorsque l'on trompe son compagnon de vie, on ne fait pas que le trahir : on entache la relation, même le bon, on remet en cause ce que l'on a vécu. Je vois d'ici ta réaction si je te disais cela en face : « La vie n'est pas aussi simple, maman ». Sans doute. Mais si mes convictions ne me guident pas dans mes décisions, alors qu'est-ce qui le fera ? Si je ne sais pas déjà ce que j'attends de la vie, comme la fidélité, comment puis-je prendre la direction qui me convient ?*

*Si ton père me trompait… je ne pense pas que j'arriverais à lui pardonner. Plus tu investis ta vie avec quelqu'un et plus ce genre de trahison est insupportable, inexplicable.*

*Tu finiras par guérir de cette aventure même si pour l'instant, tu n'es pas prête à l'entendre. Quand tu iras mieux, nous aurons une autre conversation : tu as été blessée. Profondément. Tu lui as fait confiance, tu lui as ouvert ton cœur et il ne l'a pas pris au sérieux. Mais ma chérie, tu ne dois pas t'en vouloir : ce n'est pas toi la fautive. Tu dois apprendre à te pardonner parce que sans cela, tu ne retrouveras pas la force de faire à nouveau confiance à un autre homme et en amour, il n'y a pas de place pour la demi-mesure. Oui, aimer nous rend fragiles. Oui, on accepte de laisser l'autre voir notre vulnérabilité. On prend un risque, mais c'est aussi cela qui fait toute la beauté de ces relations.*

*Je te souhaite de garder foi en l'amour, le vrai, et de trouver un jour ta moitié, parce que la vie à deux a quelque chose de si doux ! Quoiqu'en disent certains, tout le monde n'est pas fait pour vivre seul. Les énergumènes comme ton père, toi ou moi, avons besoin d'échanger, de partager, de nous retrouver dans un cocon dans l'intimité duquel, on s'autorise à s'épanouir pleinement…*

*Tu trouveras cet autre et vous vous compléterez. Alors tu comprendras que ce que tu as vécu n'en était qu'une pâle copie et ne méritait pas autant de larmes.*

*Pour l'instant, je vais simplement te préparer un chocolat chaud et te consoler.*

*Ta maman louve, prête à montrer les crocs*

- Mélanie ?

Je relève la tête et tombe sur mon ex :

- Quentin ? Mais qu'est-ce que tu fais là ?
- J'amène un patient avec le SAMU 28
- Tu es un peu loin de chez toi, non ?
- On était sur un accident de la route et pas de place dans le service de réa à côté.

Je reporte mon attention sur mon patient, lui donne des papiers et lui dit au revoir en lui indiquant le trajet pour retourner en salle d'attente. Quentin est resté dans le couloir et m'attend à la sortie. Il me suit lorsque je me dirige vers le bureau des médecins.

- Je peux t'aider ?

Son attitude me dérange.
- Dispo pour un café ?

Je jette un œil au tableau des arrivées. Pas de nouveau patient à voir, donc pas d'excuse.
- Cinq minutes.

Il marche à mes côtés pendant que nous nous dirigeons vers la salle de repos et j'en profite pour lui jeter un regard à la dérobée. Cela me fait drôle de revoir cet homme avec qui j'ai vécu pendant deux ans. Cela me semble tellement loin et pourtant si familier, comme s'il s'agissait d'une autre vie, une vie vécue par une amie proche, celle que j'étais avant. Et lui, a-t-il beaucoup changé ? Est-il heureux ?
- Alors comme ça tu es devenue urgentiste ?
- Oui, et je bosse ici. Et toi ?
- Anesthésiste-réanimateur, je prends quelques gardes au SAMU 28 pour varier les plaisirs. C'est dingue de tomber sur toi… Ça fait si longtemps !
- Six ans…
- Six ans oui, le concours de l'internat.

Un silence gênant s'installant assez rapidement, je reprends :
- Tu deviens quoi, sinon ?
- Je vis avec quelqu'un, mais tu sais ce que c'est, moi et la monogamie…

Oui, je me souviens…
- Et toi ?
- Mariée
- Ah…

Son regard tombe sur ma main nue et je vois un coin de ses lèvres se relever,dans un demi-sourire.

- Je ne porte pas mon alliance au travail.
- Bien sûr… Et tu es heureuse ?
- Oui, évidemment !

Je suis agacée par sa remarque : c'est déplacé et, même pour lui, cela manque de subtilité. Surtout que je ne me suis jamais cachée du fait que pour moi, à l'image de mes parents, l'engagement est important et a du sens dans un couple. Lui, de son côté, m'avait toujours dit qu'il n'était pas fait pour la fidélité. Dans mon aveuglement amoureux, j'avais occulté ce point, persuadée qu'il n'avait juste pas encore trouvé la bonne personne. En y repensant, cela manquait d'un soupçon de modestie ! J'avais donc ignoré tous les signes annonciateurs de l'échec de notre relation et plongé droit dedans. Mais on ne change pas une personne, du moins pas ses valeurs profondes et je l'avais appris à mes dépends.

Je nous prépare deux cafés serrés.

- Tu prendras du sucre ?
- Non merci.

Je laisse le silence s'installer cette fois. Je n'ai rien à lui dire, ni l'envie de dissiper la gêne qui s'installe de nouveau.

- Tu as l'air en forme.

Je le scrute par-dessus ma tasse pour tenter de capter un sous-entendu, mais réponds simplement :

- Toi aussi.

Je souffle sur mon café en me demandant combien de temps encore la conversation et les platitudes vont durer… D'ailleurs, avions-nous déjà réellement discuté durant notre relation ? On parlait médecine, copains, organisation de la maison, mais je ne garde aucun souvenir d'échanges sur des sujets plus sérieux, plus profonds…

- Tu as vraiment l'air en forme, murmure-t-il en tendant la main vers mon visage.

Je recule avant qu'il ne me touche.

- Tu fais quoi ? je lui demande sèchement.
- Tu avais une mèche qui te gênait.

Je repousse sa main restée trop près de moi :

- Je suis assez grande pour m'occuper seule de mes mèches.

Il ne semble pas décidé à me lâcher du regard, alors j'ajoute, agacée :

- Tu es venu chercher quoi au juste ?
- Rien de particulier... au départ.

Je suis étonnée de cette franchise et comme je ne dis rien et j'attends, il reprend :

- C'était une occasion comme une autre. La prise en charge était idéale pour le patient et cela m'offrait l'occasion de te revoir. J'étais curieux.

Je bois une gorgée de mon café, maintenant tiède.

- Curieux de quoi ?
- De voir ce que cela me ferait de te revoir.

Je ricane :

- Ta copine veut un bébé et tu flippes c'est ça ?

Il me sourit sans aucun complexe :

- Tu vois, tu me connais par cœur.

Pathétique.

Je suis en colère contre lui et contre cette assurance qu'il affiche. Mais surtout, je m'en veux de ma naïveté de l'époque. Comment ai-je pu imaginer que nous étions bien ensemble et croire que cette rupture m'avait déchiré le cœur ? Je repense à celle que j'étais et je comprends enfin que j'étais juste jeune et inexpérimentée. Je n'ai pas à en vouloir à celle que j'étais à l'époque, j'ai simplement fait une erreur et comme dirait ma mère, nos erreurs nous forgent aussi sûrement que nos réussites, sinon plus.

- Tu n'as jamais de regrets ?

Je le dévisage :

- Tu parles de notre rupture ?

Il acquiesce en prenant une gorgée, sans me quitter du regard.

- De la vie qu'on aurait pu avoir… Avec un ingénieur, tu ne peux pas tout partager. Il ne peut pas comprendre ce que tu vis au quotidien avec tes patients.

Je hoche la tête, non à cause de ce qu'il vient de dire, mais plutôt parce qu'une nouvelle fois je perçois sa vraie nature :

- Effectivement, mon mari est ingénieur. Et je constate que tu as l'air plutôt au courant de ma vie actuelle, contrairement à ce que tu laissais entendre juste avant.
- On a encore quelques amis en commun alors, il est possible que j'aie de temps en temps des nouvelles, c'est vrai.

Il ne semble même pas embarrassé par son mensonge et le fait que j'ai compris. Au contraire, il insiste :

- Avec les métiers que l'on fait, c'est important d'avoir quelqu'un qui nous comprenne. Et puis, on s'amusait bien au lit…

Je repense à ma mère et à la discussion que nous avions eue toutes les deux quelques jours après la fameuse rupture.

Je pense à mon mari, à ma vie aujourd'hui. Quand j'avais retrouvé Yann, notre relation était rapidement devenue une évidence. J'étais bien avec lui, qu'il soit dans la même pièce ou juste dans ma tête. Je ressentais un manque dès qu'il était loin. Nous nous connaissions, nous nous étions aimés trop jeunes et nous nous étions retrouvés plus mûrs. Avec lui, c'était facile. Mes pensées reviennent au présent et à Quentin.

- Tu m'as demandé si j'avais des regrets…

Il m'encourage d'un signe de tête :

- Je n'en ai jamais eu. Le temps m'a permis de réaliser que notre vie ensemble n'était rien, ce n'était que l'ombre d'une relation. Je suis heureuse que tu m'aies ouvert les yeux avant que je ne m'engage encore plus. C'est la seule chose dont je te suis reconnaissante. Pour le reste, je ne sais pas qui tu es devenu aujourd'hui et je ne veux pas le savoir. Mais à l'époque, tu étais égoïste et instable sur le plan émotionnel. Aujourd'hui, j'aime un homme qui me comprend, qui m'aime en retour et qui serait incapable de me faire le moindre mal. Pour ton information, avec lui, j'ai découvert que moi aussi j'avais le droit de prendre mon pied au lit.

Je vide la fin de mon café dans l'évier :

- Donc ne t'avise plus de me toucher ou de te comporter comme si je t'avais appartenu.

Je m'apprête à sortir mais me retourne une dernière fois :

- Je te laisse finir ton café, mais ne fous plus jamais les pieds dans mon service.

Et je m'éloigne pour rejoindre la salle de soins. Je me sens légère, libérée de cet individu et de tout ce qu'il a pu déclencher de culpabilité en moi. Oui, je me sentais idiote de m'être laissée embarquer dans une relation qui ne me ressemblait pas. Et aujourd'hui, je me suis enfin pardonnée cette période.

***

A peine la porte de l'appartement ouverte, j'appelle mon mari :
- Tu es déjà rentré ?
- Oui ! Je suis dans le salon.

Je prends le temps d'accrocher mon manteau et de poser mon sac, avant de le rejoindre dans le canapé. Yann lève le nez de son journal et me dévisage :
- Ça va ?
- Très bien oui.

Tournée vers lui, je lui annonce :
- J'ai vu Quentin aujourd'hui.
- Ton ex ?
- Oui.

J'encadre son beau visage de mes mains et l'embrasse sur les lèvres, doucement d'abord, mais rapidement plus exigeante. Yann, interdit, n'a pas lâché son journal. Il recule légèrement son visage et me regarde avec attention :
- Est-ce que je dois m'inquiéter ?

Je lui souris avant de répondre sereinement :
- Non.
- Tant mieux, j'avais peur de devoir jouer à Tarzan.
- Tarzan ?

- Tu sais… grimper sur la table et me frapper le torse en grognant pour affirmer ma domination sur ma femelle !
- Ta femelle… vraiment ?

Il hésite, faussement confus, un éclat malicieux dans le regard :

- C'est bien ce que je dis… je ne suis pas fait pour ça…
- Idiot ! je rétorque en riant

Puis, caressant sa joue qui n'est déjà plus aussi lisse que ce matin, je lui murmure :

- Tu es la plus belle chose qui me soit arrivée.

Il pose enfin sa lecture du moment pour m'enlacer et me serrer contre lui.

- Je pourrais te retourner le compliment mon amour.

Il se lève brusquement, m'attrapant au passage pour m'obliger à me lever, puis me prend dans ses bras.

- Finalement, je crois qu'une démonstration de virilité s'impose !

Il pousse un cri de gorille qui se mêle à mes éclats de rire et m'entraîne dans la chambre.

# 14

*Samedi 3 Octobre 2009*

*Mon ange*

*Les surprises que nous réserve la vie sont parfois magnifiques.*

*Et voilà qu'hier, tu nous amènes Yann. Ton Yann… Ton amour de lycée. Vous vous étiez retrouvés au mariage d'un couple de copains de l'époque. Apparemment, il ne vous a fallu que quelques danses pour retrouver votre complicité d'antan. D'évidence en évidence, vous aviez renoué une relation beaucoup plus personnelle. Il est en école d'Ingénieur à Paris, donc pas loin de toi et disponible. Toi aussi tu es libre comme l'air. Vous voir de nouveau ensemble, la maturité en plus, nous a fait chaud au cœur.*

*Je n'ai pas bien compris ce qui vous avait éloignés à l'époque. Peut-être cette fameuse première année, le stress, la perte de vos repères. Cela n'a pas vraiment d'importance car je crois que ça y est, tu l'as trouvée ta moitié… L'avenir nous le dira.*

*Je t'embrasse mon ange, fais de beaux rêves.*

*Ta maman pleine d'espoir*

- Une fille…

Alors que je marche dans la rue aux côtés de mon mari, je savoure ces mots. Mais devant le silence de mon compagnon, je ne me peux m'empêcher de lui demander avec une pointe d'inquiétude :

- Tu es heureux ?

Il s'arrête, surpris.

- Bien sûr quelle question ! Fille ou garçon, cela m'est complètement égal.

Il me fait part de ses propres réflexions :

- Je me demandais simplement comment j'allais pouvoir résister lorsque j'aurai deux princesses à la maison. Je vais me faire mener par le bout du nez …
- C'est possible, je lui réponds, débordante de bonheur, les filles ont l'habitude de faire marcher leur papa sur la tête !
- C'est ce que tu faisais ?
- A ton avis !

Yann m'attrape tendrement par la taille et me fait pivoter pour que mon dos repose contre son torse. Il me berce dans la rue, au milieu des passants. C'est si intime que je me sens d'abord gênée par le regard de ces gens. Lui, se comporte comme si nous étions seuls au monde, et pose même ses mains sur mon ventre arrondi. Je capte un sourire de connivence de la part d'une femme qui nous dépasse et finis par me détendre, et poser mes mains sur les siennes. Après tout, que m'importe l'opinion de ces inconnus ?

- Que penses-tu d'Elise ?
- J'aime bien… et Lucie ?
- Je ne sais pas, je connaissais une Lucie au lycée, c'était une

véritable peste… je crois que j'aurais du mal à donner ce prénom à ma fille.

- Alicia ?
- Oui, celui-là j'aime beaucoup aussi.
- On va prendre des notes. J'ai repéré un livre sur les prénoms, je crois que je vais le commander.
- Le plus important c'est que tout aille bien…
- Oui… ça fait quand même un peu bizarre de voir son visage en 3D, on dirait un alien.

Je lui tape gentiment sur la main :

- N'importe quoi ! Un alien n'aurait jamais un nez aussi adorable. Continue comme cela et tu n'auras plus le droit de toucher mon ventre !
- Elle te ressemble, murmure Yann, profitant que j'ai le visage tourné vers lui pour m'embrasser sur le nez puis sur la bouche.
- Si on rentrait ?
- Bonne idée.

Nous arrivons à la voiture et y montons, chacun de notre côté mais j'ai à peine fermé ma portière que Yann ressort :

- Ne bouge pas.

Il traverse la rue, entre dans une libraire et ressort triomphant avec un livre dans les mains.

Il arrive dans la voiture et me donne sa trouvaille :

- Le dictionnaire des prénoms ? Tu ne pouvais pas attendre d'être à la maison ?
- Non.

Il démarre.

- Tu sais que maintenant, il existe des sites très bien avec

tous les prénoms du monde ?
- Est-ce que tu peux rayer les noms sur un écran d'ordinateur ?

J'éclate de rire :
- Dire que c'est toi, le geek de la famille ! C'est inquiétant !

***

Allongée sur le canapé, les jambes relevées sur le dossier pour les soulager, j'écoute la voix grave de mon mari assis dans le fauteuil, sa récente acquisition ouverte sur ses genoux :
- Cerise !
- Chantal !
- Cunégonde ?
- Bon et bien au moins on en aura rayé pas mal !
- Pas sûre que ce soit la meilleure technique !
- Oui, mais c'est bien plus drôle, et puis, on a le temps.

Je sursaute.
- Qu'y a-t-il ?
- Je l'ai sentie me donner un coup !

Yann regarde mon ventre, interdit. J'ai relevé mon t-shirt et la peau légèrement tendue tressaute de nouveau :
- Encore un ! Tu as vu ?
- Non.
- Donne-moi ta main.

Il s'agenouille près de moi et je lui prends la main pour la poser sur mon flanc gauche. Nous attendons sans rien dire. Au bout d'une minute qui lui semble être une éternité, la main de Yann tressaute sous la mienne... enfin, c'est ce que j'imagine en sentant le faible coup à l'intérieur de mon corps. Je comprends qu'il l'a lui aussi ressenti lorsqu'il éclate de rire.

- Incroyable !

Il caresse l'endroit où sa fille vient de lui faire signe, puis se penche et embrasse mon ventre.

- Coucou ma puce ! C'est ton papa. Si tu savais comme j'ai hâte de te voir en vrai et de pouvoir te tenir dans mes bras !

Je lui passe une main dans les cheveux et le regarde intensément alors qu'il continue à lui parler et à fredonner.

# 15

*Mardi 21 décembre 2010*

*Mon ange*

*Il y a presque 4 mois, tu es partie rejoindre ton Yann en Afrique... Ma petite fille partait, sac sur le dos, rejoindre Médecins Sans Frontières au Sénégal... Dès l'annonce de ton départ, je n'ai fait que sourire, te dire de vivre ta vie, votre vie. Et pourtant, à peine les portes d'embarquement passées, à peine ta bouille réjouie disparue, je me suis effondrée en larmes dans les bras de ton père.*

*Cela faisait longtemps que tu parlais de vivre ce genre d'expérience, mais avant d'apprendre que Yann avait prévu son stage de fin d'études à Dakar, j'avais égoïstement l'espoir que cela resterait à l'état de projet.*

*Comment continuer à vivre alors que je t'imaginais malade et loin de tout, victime d'une prise d'otage ou d'un accident de la route ? On dit que nos enfants sont le « fruit de nos entrailles » et je n'ai jamais aimé ces mots trop crus. Pourtant, durant ces 4 mois passés à guetter tes appels et tes lettres, j'ai compris d'où venait l'expression. Mon ventre se tordait littéralement dès que mon imagination s'emballait et que mes angoisses de mère m'envahissaient. Ne plus te revoir, t'imaginer souffrir, c'était trop pour moi. Ton père se moquait gentiment, m'obligeant à dédramatiser, mais comment rationaliser l'irrationnel ?*

*Et puis, tu es réapparue dans ce même aéroport où je t'avais laissée. Et mon cœur s'est gonflé de joie, de fierté, d'une bouffée d'amour si intense que j'ai cru qu'il allait exploser. L'éclat dans tes yeux, ton sourire, ton teint hâlé, tes joues un peu creusées, tu étais presque comme je t'avais laissée et en même temps, mon bébé était devenu une femme, magnifique et sûre d'elle. Tu m'as charriée, gentiment, en me disant d'arrêter de pleurer, mais j'ai bien vu que tes yeux aussi étaient humides quand tu m'as murmuré que tu m'aimais. Cette pudeur, toujours, comme ton père. De la pudeur et une sorte de tristesse.*

*Tu as eu du mal à parler de cette expérience. Chaque fois que je te posais des questions, je voyais ton regard partir au loin… « je ne sais pas comment t'expliquer, les mots me semblent si fades ». J'ai deviné des couleurs, des rires, et des expériences douloureuses, mais tu as raison, certaines expériences sont faites pour être vécues, pas pour être racontées.*

*Moi aussi j'aurais aimé voyager davantage et confronter mon monde avec le monde d'autres personnes, de culture et de langues différentes. Nous le ferons peut-être un jour… cela reste dans un coin de ma tête. Maintenant que tu es revenue, je peux te le dire : je suis fière que tu n'aies pas attendu pour vivre cette aventure. Grâce à Yann, tu n'étais pas seule là-bas et grâce à lui encore, je sais que tu ne repartiras pas.*

*Tu as repris tranquillement tes études, ta place à l'hôpital, tes habitudes du monde moderne, même si parfois tu râles contre tes compatriotes qui n'ont pas conscience de la chance qu'ils ont de vivre dans un pays développé. Nous ne te voyons que très peu car tu passes beaucoup de temps dans le studio de Yann, mais cela m'est égal. Te savoir dans la même ville que nous m'a enfin permis de retrouver le sommeil. Et puis, nous allons bientôt passer notre premier Noël tous ensemble… Alors j'ai de quoi m'occuper : je veux que tout soit parfait!*

*Ta maman enfin rassurée*

- Adam Durant.

Mon dossier en mains, j'attends que le patient que je viens d'appeler se lève dans la salle d'attente des urgences. C'est une jeune femme de mon âge qui réagit. Elle s'avance vers moi, tenant un petit garçon par la main. Je jette un œil sur l'étiquette du dossier et un sourire s'épanouit sur mon visage en voyant l'année de naissance. Lorsqu'il est à proximité, je me mets à sa hauteur :

- Ça va, bonhomme ?

Il se cache derrière les jambes de sa maman. Réaction normale, mais nous allons avoir un peu de temps pour faire connaissance dans le box. Je me redresse :

- Allez viens, suis-moi.

Nous avançons jusqu'à la salle que j'ai préparée pour lui et je les fais entrer tous les deux. Adam continue à me fixer, sans rien dire, visiblement inquiet. Je reprends notre conversation loin de l'ambiance bruyante de la salle des urgences :

- Alors mon grand, moi, c'est Mélanie et je suis le docteur. Tu veux bien me raconter ce qui t'arrive ?
- Il est tombé de la chaise en faisant des acrobaties, pour changer ! répond la maman à la place de son fils.

Je lui fais signe que j'ai entendu, puis reporte mon attention sur mon petit patient :

- Et tu t'es blessé ?

Il jette un regard vers sa mère.

- Réponds mon chéri.
- Oui, à la tête.
- Tu me montres ?

Il soulève sa frange avec sa main libre et dévoile une plaie en haut du front.

- Eh bien bonhomme ça a dû te faire mal, dis-moi ! Tu es très courageux ! Allez grimpe sur la table, je vais te dire ce qu'on va faire.

Pendant qu'Adam s'allonge, je commence les explications :

- Quand on a un bobo comme le tien, il est trop gros pour guérir tout seul, alors il faut l'aider un peu. Tu sais, c'est comme lorsque tu as un trou dans ton pantalon et que ta maman le ferme avec du fil et une aiguille.
- Ma maman elle sait pas faire ça, c'est ma mamie qui me met Flash McQueen sur le genou.

Je ris et fait un clin d'œil à la maman :

- Ok bonhomme, mais le principe est le même : je vais prendre un fil et une aiguille pour fermer ton bobo, comme ça il guérira bien et plus vite.
- Tu vas me mettre aussi Flash McQueen ?
- Non, désolée, mais on n'a pas de Flash McQueen ici…
- J'aime bien aussi Gluglu Mégamuscle, répond le garçon avec espoir.

Je jette un œil interrogatif à la maman qui me répond, amusée :

- Les Pyjamasques, c'est un autre dessin animé.
- Il faudra que je me mette à la page alors. Non mon grand, on n'a pas de patchs comme ceux de ta mamie. Juste un fil et une aiguille, mais peut-être que maman pourra t'acheter des pansements de superhéros ?

La maman promet et l'enfant finit par me demander d'une voix un peu inquiète :

- Ça va me faire mal ?
- Non, parce que je vais te donner un masque spécial qui va t'empêcher d'avoir mal. C'est parti ?

Adam acquiesce.

- Attention, il faudra bien m'écouter et ne pas bouger d'accord ?
- D'accord.
- Je vais chercher de l'aide et on commence.

Les explications données, je ressors et me fais rattraper au passage par l'infirmière d'accueil:

- Mme Beaulieu se plaint qu'elle est là depuis 2h. Elle veut te voir et menace de partir.
- Eh bien qu'elle parte… je suis occupée.

Je soupire, regrettant aussitôt mon mouvement d'humeur :

- Non attends, je vais dire à l'interne de lui donner ses papiers. J'en ai pour au moins trente minutes à faire ma suture. Mais ça me fatigue ces gens qui viennent aux urgences pour rien et qui râlent parce qu'ils attendent plus longtemps que chez le généraliste ! En attendant, est-ce que tu peux m'installer de quoi utiliser le gaz anesthésiant pour le petit Adam ? Il est dans le box 3. Je prépare mon plateau.
- D'accord. Tu veux que je demande à une collègue de venir avec toi ?
- Peut-être oui, ça ira plus vite.
- Je m'en occupe.

***

- Et voilà mon grand, c'est terminé ! Tu as été incroyablement courageux, bravo.

Je range la table, puis imprime le dossier et les ordonnances, lui tendant la première feuille :

- Tiens, tu as même droit au diplôme du plus courageux que l'on ne décerne qu'aux enfants qui l'ont mérité et…

J'attrape un gant violet sur le meuble à côté de l'entrée, le gonfle en roulant des yeux comme si l'effort était insupportable, fait un nœud et dessine avec application deux yeux et une drôle de bouche :

- Un bonhomme ballon !

Je brandis fièrement le drôle d'animal avec 4 doigts dressés sur la tête et le pouce en guise de nez. L'enfant ravi de ses cadeaux m'attrape les jambes et serre fort.

- Merci Docteur, je t'aime !

Emue, je lui caresse la tête.

- Tu es un amour, mon chéri. Fais attention la prochaine fois à ne pas retomber sur la tête, d'accord ?
- D'accord.

Il s'éloigne.

- Merci, murmure la maman.

Puis, désignant mon ventre, elle demande :

- C'est pour quand ?

Surprise, je m'exclame :

- Vous avez l'œil !

Avant de m'expliquer, plus calmement :

- Beaucoup de personnes ne remarquent rien à cause de la blouse. Le terme est dans deux mois et demi.

La maman me sourit en réponse d'un air ravi :

- J'imagine que vous comptez les jours ?
- Oui, j'avoue en souriant à mon tour.

J'observe plus loin mon petit patient qui montre fièrement ses trésors à l'infirmière.

- J'ai hâte de voir sa tête et de faire connaissance avec elle.
- Oh c'est une petite fille !

J'acquiesce en caressant mon ventre.

- C'est votre premier, n'est-ce pas ?
- Ça se voit tant que ça ?
- C'est la façon dont vous regardez mon fils : je faisais la même chose quand j'essayais d'imaginer à quoi il ressemblerait. Pour ma deuxième, c'était différent, je ne regardais plus les autres enfants mais je me demandais si elle aurait le même nez que lui, la même bouche…
- C'est à la fois excitant et effrayant.

La jeune femme ne semble pas offusquée de ma réaction et me répond avec bienveillance :

- Je suis certaine que vous serez une mère formidable. Appelons cela de l'instinct maternel…
- Merci, c'est gentil.

Elle rejoint son fils et sort des urgences, tandis que l'infirmière me rejoint.

- Ça va ? Tu te remets de ta déclaration d'amour ?
- J'ai peur que Yann ne soit jaloux !
- Difficile de rivaliser ! Ajoute-t-elle en me faisant un clin d'œil.

# 16

*Vendredi 6 mai 2011*

*Mon Ange,*

*Ce qui est surprenant en médecine, c'est que l'on vous enseigne comment est le corps lorsqu'il va bien, lorsqu'il est malade, quels signes orientent vers une maladie, mais personne ne vous enseigne vraiment comment parler aux gens, à ces humains que vous soignez. Au fur et à mesure qu'un étudiant en médecine avance dans ses études, il parle de plus en plus du côté technique et se fait de moins en moins comprendre. Nous avons souvent ce genre de discussion toutes les deux et je sais que tu es contre cela et que tu t'efforces toujours d'expliquer simplement les choses, en les transposant dans la vie de tous les jours.*

*Comme cette fois où ton père a eu une douleur dans la poitrine. C'était étrange de voir toutes les émotions sur ton visage : tout d'abord la peur, enfantine, celle d'une petite fille qui craint pour la vie de son père. Parce qu'avec les études vient la connaissance et pour toi, une douleur dans la poitrine n'est pas un point de côté, c'est un infarctus, surtout à notre âge.*

*J'ai vu un instant de panique passer dans ton regard. J'ai entendu ta voix comme si tu me parlais : « Non, pas lui ! ». Puis le regard lointain pendant que tu analysais les faits, évaluais les risques et les probabilités. Suivi de ton interrogatoire policier sur le type de douleur, la durée, l'intensité. Ton visage affichait le masque du soignant lorsque tu as tranché : « Je vous accompagne aux urgences ». Heureusement, ce n'était rien ou presque : une péricardite, l'inflammation de l'enveloppe qui entoure le cœur. Je t'ai admirée pendant que tu dessinais un cœur sur un bout de feuille blanche, puis tu as représenté d'un trait ce fameux sac, que tu as épaissi en nous désignant le coupable. Je me suis dit encore une fois que tu étais vraiment faite pour cela, faite pour prendre soin des gens. Je crois aussi que cela t'a fait du bien de pouvoir agir. La maladie est déstabilisante, la plupart du temps, elle nous tombe dessus sans qu'on s'y attende et pour toi, c'était la première fois que tu étais personnellement concernée.*

*Et pour une fois, ton père a écouté le médecin. En même temps, pas le choix, c'était sa fille. Il a d'ailleurs pris un malin plaisir à jouer les malades quelques jours supplémentaires, histoire que tu t'occupes de lui. Avec moi, ça n'a pas marché, je le connais trop bien : dès que j'ai senti qu'il allait mieux, je lui ai dit de se prendre en main.*

*Mais avec toi… il s'en est donné à cœur joie ! Je ne pense pas que tu étais dupe, mais tu as joué son jeu pour son plus grand plaisir, avec toute la générosité qui te caractérise.*

*Ta maman, femme du malade imaginaire,*
*mère du médecin malgré lui,*
*fan de Molière et de ses comédies*

- Mais ça ne va pas ? Qu'est-ce qui te prend ?

Yann entre dans la pièce où j'ai commencé à déchirer le papier peint en lambeaux. Debout sur un escabeau, j'ai revêtu un vieux jean et un t-shirt troué, attaché mes cheveux en un chignon et dégagé le reste de mon visage à l'aide d'un bandana. C'est ma tenue de travaux. Cela fait déjà plus d'une heure que je m'acharne à humidifier les murs puis à tirer des bandes de papier peint afin de mettre les murs à nu. Je sais que mes joues sont rouges, elles me chauffent, et que mon front est légèrement moite. Je me sens à la fois furieuse et soulagée. J'arrête mon mouvement pour le fusiller du regard, mais il ne le voit même pas, trop occupé à contempler le chantier que j'ai démarré. Alors je descends de mon escabeau et me plante devant lui.

- Tu as quelque chose à me dire ?
- J'en aurais beaucoup, réplique mon mari, encore vêtu de son manteau, sa sacoche à la main.

Il désigne la pièce, puis l'escabeau :

- Tu trouves ça normal de monter sur une échelle et de retirer du papier peint enceinte de presque 7 mois !
- Figure-toi que si tu t'en étais occupé, je n'aurais pas eu besoin de le faire !
- Mais on a le temps !
- Tu penses avoir le temps. Moi cela m'angoisse. Je vois mon ventre qui grossit et la chambre n'est même pas commencée ! Ça fait deux mois que tu parles de retirer le papier peint et rien n'est fait. Alors aujourd'hui, j'avais du temps, j'ai commencé.

Yann grogne. Il va poser ses affaires dans l'entrée.

- Et maintenant, tu as lancé tout un chantier !

Voyant que je m'apprête à reprendre, il m'arrête :

- Pas question que tu remontes sur cet escabeau. Tu imagines si tu tombes ?

Je le regarde et brusquement, éclate en sanglots.

- Qu'est-ce que j'ai dit ? s'étonne mon mari, inquiet, en

s'approchant.
- Rien…

Mais je ne peux pas m'arrêter de pleurer.
- Qu'est-ce qui ne va pas, ma chérie ?
- Rien… Enfin si… tout !

Yann ne sait pas quoi répondre.
- J'ai voulu me couper les ongles de pieds ce matin, ça commence à devenir compliqué ! Je suis une vache, mon ventre est si énorme que bientôt je ne verrai plus mes pieds ! Je suis tout le temps, soit énervée, soit en train de pleurer. Je n'ose même plus monter sur la balance à cause du poids qui s'affiche…
- Je croyais que tu ne pouvais plus voir tes pieds !

Je m'arrête de pleurer et regarde mon mari. Je sens monter une envie de rire aussi brutale que ma crise de larmes.
- Tu es un idiot ! Je lâche entre pleurs et rires.
- Un idiot fou de toi !

Il me prend au creux de ses bras et me berce.
- Je suis désolé, je ne me doutais pas que c'était aussi important.
- Je sais que tu as du travail…
- Je continuerai ce week-end, ok ?
- Ok.
- Si on allait prendre une douche ? Tu as des petits bouts de papier peint partout, même dans les cheveux.

Je le laisse m'entraîner vers la salle de bain puis défaire les bretelles de ma salopette. Celle-ci tombe sur mes genoux. Je m'appuie sur lui tandis qu'il m'aide à la retirer complètement, en profitant au passage pour me caresser les jambes :

- Sois rassurée, tes pieds sont toujours aussi adorables.

Je ris et l'embrasse lorsqu'il se relève. Une fois nue, j'entre dans la douche et fait couler l'eau chaude. Mon mari me rejoint après quelques minutes et m'enlace par derrière, les deux mains posées sur mon ventre.

- Tu as tort, me murmure-t-il dans le cou, tu es magnifique !

Je frissonne sous son souffle. Il prend du savon et commence à me laver, caressant mon ventre, émerveillé. A mon tour, je lui rends la pareille, tout en échangeant un baiser aussi brûlant que l'eau qui tombe sur nous. Il n'est plus question de se laver, j'ai très envie de lui et la réciproque est vraie. C'est si bon de pouvoir se laisser aller dans ses bras, de sentir que malgré les changements de mon corps, il me désire toujours avec autant de force. Mes seins lourds sont extrêmement sensibles à ses caresses, ses doigts habiles m'explorent et me font gémir. Mais Yann décide soudain de couper l'eau, me faisant grogner de frustration. Quand il attrape une serviette pour me sécher, je proteste :

- Pourquoi tu fais ça ?

Yann continue à éponger l'eau qui ruisselle sur moi, en profitant à l'occasion pour embrasser chaque coin de peau qu'il sèche. Lui-même est encore tout humide. Il se relève et nos regards se croisent. Je vois dans l'éclat de ses yeux qu'il a une idée derrière la tête et mon corps s'enflamme aussitôt.

- Tu crois vraiment que je vais te faire l'amour sous la douche ? Je n'ai pas envie de me casser le dos ma chérie.
- Espèce de goujat !
- Et je vais sur le champs implorer ton pardon !

Il m'entraîne vers la chambre sans perdre de temps.

***

Une heure plus tard, dans les bras de mon mari, enfin apaisée, il me murmure dans les cheveux :

- Je devrais peut-être aller décoller le papier peint.
- Je t'interdis de sortir de ce lit !
- A vos ordres, Capitaine !

Puis, il saisit mon menton, m'obligeant à tourner la tête vers lui afin de m'embrasser.

- Je te suis dévoué corps et âme.

Dans un murmure, je lui lance :

- Prouve-le.
- Prête pour un second round ?

Je ferme les yeux et laisse la bouche de mon mari relever le défi.

# 17

*Mercredi 5 Juin 2013*

*Mon ange*

*Ça y est, Yann t'a demandé ta main. Tu riais encore quand tu nous as appelés pour nous apprendre la bonne nouvelle et nous raconter. Apparemment, il cherchait le moment parfait pendant votre séjour au Mexique. Ce ne sont pas les lieux romantiques qui manquent, mais la vie nous joue souvent de drôles de tours. Celui-ci a pris la forme d'une énorme araignée logée dans son sac à dos. Et moi, bien que très loin, je me plais à imaginer la scène : le sac retourné, l'araignée qui s'échappe, Yann qui se fige en voyant l'écrin tombé sur le tapis avec toutes ses affaires, puis qui se jette à terre comme un forcené pour t'offrir la bague à genoux avant que tu ne comprennes. A défaut de romantisme, cela fait des souvenirs… le pauvre…*

*« Oui, c'est tout ce que j'ai pu répondre avant d'éclater de rire » m'as-tu raconté. Ma petite fille est fiancée. Fiancée à un homme merveilleux, qui l'aime, qui la rendra heureuse, j'en suis convaincue. Et sa famille aussi t'aime. Je ne pouvais pas imaginer de meilleurs beaux-parents et je ne dis pas cela uniquement parce que ce sont des amis. Ils ont bien élevé leur fils. Nous partageons les mêmes valeurs et il a été entouré de deux sœurs qui lui ont appris à mieux comprendre les femmes en général. Ou alors, c'est qu'il n'a pas eu le choix et qu'il a essayé de survivre ! Toujours est-il qu'il saura t'entourer comme il le faut, même s'il reste un homme et qu'ils ne fonctionnent pas comme nous.*

*En attendant, j'ai hâte de faire les essayages de robe ! Et je suis certaine que ses sœurs justement, voudront être présentes : ce n'est pas tous les jours que l'on marie son unique frère ! Bon, je sais je sais, je m'emballe. Tu m'as déjà prévenue que le mariage ne serait pas avant deux ans. Je trouve que ça fait loin mais je comprends votre souhait de travailler tous les deux et de pouvoir mettre un peu de côté. Ton père et moi en avons parlé avec les parents de Yann, nous voulons participer, mais cela reste votre mariage…*

*Je suis tellement heureuse pour vous !*

*Ta maman qui t'aime de tout son cœur*

- Bonjour à tous et toutes. Merci aux papas d'être présents pour ce cours.

Yann est assis sur une chaise, à ma droite.

- Je ne savais pas que j'avais le choix, me murmure-t-il.
- Parce que ce n'était pas le cas… Concentre-toi.
- Aujourd'hui, nous allons aborder plusieurs sujets. Tout d'abord, je vais vous demander de vous présenter rapidement. Puis, je vous donnerai quelques explications. Ce cours sera essentiellement orienté sur la valise à préparer pour le jour J, les signaux d'alerte et quelques conseils. Nous verrons ensuite des exercices pour aider votre femme à supporter les contractions lorsque celles-ci deviendront plus douloureuses et nous terminerons par la visite de la salle de travail.

La sage-femme debout devant nous se tourne vers le premier couple sur sa gauche.

- Je vous laisse commencer ?
- Bonjour, je m'appelle Nathalie et je suis professeur des écoles. Voici mon mari Christophe. C'est notre premier enfant.
- Christophe, je suis informaticien et c'est aussi mon premier enfant.

Quelques rires se font entendre dans la salle.

- Bonjour à tous les deux et bienvenus. Vous riez, mais beaucoup de couples que je rencontre à ces séances sont issus de familles recomposées… A vous, ajoute-t-elle en désignant le couple suivant.

Yann se penche de nouveau vers moi :

- On se croirait dans un groupe des alcooliques anonymes.
- Parce que tu sais comment ça se passe dans ces réunions ?
- A vous, nous interrompt la sage-femme.
- Mélanie, c'est notre première enfant.
- Et vous faites quoi dans la vie ?
- Je suis soignante.

La sage-femme acquiesce, mon mari enchaîne :

- Yann, je suis ingénieur.

Tandis que le couple suivant prend la suite, il se penche vers moi, toujours assez dissipé :

- Pourquoi tu n'as pas dit « médecin » ?
- Tu as bien vu ce que ça avait donné à la première échographie ? Je suis une femme enceinte comme les autres. Je veux qu'on m'explique tout de la même façon.

Une fois le tour des présentations terminé, la sage-femme nous interpelle :

- Bien, alors, vous allez prendre chacune un ballon

mesdames et vous asseoir. Nous allons commencer par quelques exercices de respiration et d'étirement puis nous nous concentrerons sur le rôle du papa. Sachez que lors de la phase de travail, les contractions, au début désordonnées, n'en sont pas moins douloureuses. Durant cette première phase, à vous de trouver ce qui convient à votre femme pour la soulager, car chacune est unique et ce qui convient à l'une ne conviendra pas à la voisine. Pour les massages notamment, certaines zones peuvent être plus sensibles que d'autres, donc parlez à vos conjoints mesdames, exprimez-vous, et messieurs, puisque nous n'avons que des couples mixtes, ouvrez grand vos oreilles, c'est important.

Je regarde discrètement Yann qui écoute avec beaucoup d'attention la sage-femme.

- Tu pourras mettre en pratique les massages dès ce soir mon chéri.

Il me retourne mon sourire :

- J'aurai droit à une récompense après ?
- Voici un aperçu, je rétorque en lui envoyant un petit coup de coude dans les côtes.

***

- Tu es sûre que tu veux une péridurale ?

Yann fixe avec horreur la taille de l'aiguille que présente la sage-femme.

- Oh que oui… je la veux et je compte sur toi pour insister !
- Je ne sais pas si je pourrais…

- Ils te feront sortir pendant ce temps-là, ne t'inquiète pas.

La sage-femme nous montre la table de travail. Tout est aseptisé mais cela ressemble quand même à une salle de torture. J'observe tout avec curiosité et lui caresse le dos pour le rassurer. Je sais qu'il commence seulement maintenant à réaliser qu'entre mon ventre qui grossit et la joie de tenir son enfant dans ses bras, il y a une étape incontournable qui s'appelle l'accouchement. Le désir d'un enfant, son enfant, l'enfant de notre amour lui a semblé une évidence depuis le début, nous en avions parlé, même avant que cela ne devienne un réel projet. Voir mon ventre s'arrondir, tressauter parfois, le met systématiquement en joie, tout comme l'idée de tenir prochainement sa fille dans ses bras et je ressens parfois une pointe de jalousie à force de le voir si serein. Mais jusque-là l'étape même de l'accouchement était restée obscure dans son esprit. Je peux deviner ses pensées sur son visage. Sa seule connaissance des accouchements consiste en quelques films à la télévision. Généralement avec des femmes qui sont en sueurs, qui hurlent, dans un dialogue digne de l'exorciste surtout quand on pose l'enfant plein de sang sur le ventre de la mère… Et là, je l'observe s'approcher des étriers, il doit y voir une ressemblance avec ces fictions et se demander quelle est la part de réel et la part d'imaginaire. Il me lance un regard inquiet.

- Si tu te bats pour ma péridurale, je ne souffrirai pas.
- Comment peux-tu en être sûre ? On dirait une salle de torture…
- Tu dis cela maintenant parce qu'on n'est pas dans l'action. Le jour de l'accouchement crois-moi, tu auras d'autres

choses en tête.

- Et si je n'étais pas à la hauteur ? Si je tombais dans les pommes comme dans ces films qu'on a regardés ? Je n'ai même pas pensé à prendre des notes quand elle nous parlait !

Je pose une main sur sa bouche avant qu'il ne s'angoisse davantage et je le regarde droit dans les yeux :

- Ça se passera très bien !
- Qu'est-ce que tu en sais ?
- Je le sais, c'est tout.

Je l'embrasse pour le faire taire.

- Je comprends mieux quand tu m'as dit « pour le meilleur et pour le pire ».
- Mais tu verras que ce sera pour le meilleur.
- Je te dirai ça plus tard !

Puis il reprend :

- Dis, tu ne vas pas faire comme ces femmes dans les films ?
- C'est-à-dire ?
- M'attraper par le col de la chemise et me dire avec une voix de possédée « plus jamais tu ne me toucheras ! »
- Ça ne risque pas d'arriver !
- Ça aussi tu en es sûre ?
- Oui, parce que je suis sûre que tu auras un t-shirt.
- Haha, exprime Yann d'un rire forcé.
- Eh, un peu d'humour, mon amour !

# 18

*Jeudi 19 février 2014*

*Mon Ange,*

*Nous venons d'apprendre que ton grand-père était très malade. Pas facile de t'annoncer cela, et pourtant tu as bien réagi… Tu as pleuré, un peu, puis nous avons discuté, tu nous as posé des questions sur les soins qu'il allait recevoir. Tu n'as rien dit lorsque tu as compris que ce ne seraient que des soins de confort. Rien ne peut le guérir, la maladie s'est manifestée trop tard. Tu as juste posé brièvement les yeux sur ton père et serré les lèvres.*

*Lui non plus n'a rien ajouté. Peut-être a-t-il capté ton regard et ta réaction ? J'avoue que j'ai un peu de mal à savoir ce qui se passe dans sa tête en ce moment. La pudeur naturelle de ton père, comme celle de son père d'ailleurs, ne facilite pas le dialogue entre nous ou entre eux. Même si l'amour qu'ils se portent l'un à l'autre ne fait aucun doute, je ne suis même pas certaine qu'ils aient, un jour, mis des mots dessus.*

*Et puis, c'est compliqué à notre âge. Nous sommes des adultes mais, face à nos parents, nous restons avant tout des enfants. Oui, il est normal que les parents partent avant leurs enfants, à partir d'un certain âge, c'est « dans l'ordre des choses », du moins. Même si, malheureusement, cela ne se passe pas toujours ainsi. Pourtant, la perte imminente de quelqu'un de proche amène aussi des questions, des craintes : une fois parti, nous ne pourrons plus nous tourner vers lui, lui dire une dernière chose, lui demander un dernier conseil, partager encore une nouvelle importante.*

*Ce n'est pas si simple à gérer émotionnellement. C'est pour cela que je voudrais que ton père s'ouvre davantage à moi. Qu'il me parle, me dise ce qu'il ressent. J'ai le sentiment que moins il me parle et plus c'est important. Ai-je tort d'insister ? Peut-être. Après tout, il a bien fini, de lui-même, par me parler de la perte de notre bébé, même s'il a mis du temps. C'était étrange quand j'y pense : arrivé de nulle part, un mois après ma fausse couche. Nous avions fini de dîner et nous regardions un film. Il m'avait alors pris la main et m'avait dit combien il était triste pour nous et pour moi. Que je ne devais pas m'en vouloir et qu'il m'aimait. Je t'assure, j'en avais les larmes aux yeux. Trois phrases pour résumer sa douleur et ouvrir une vanne en moi. J'avais l'impression jusque-là d'avancer, mais seule, difficilement, et il venait de me rejoindre. Nous nous soutenions. Il venait également de commencer à apaiser une culpabilité dont je n'avais pas réellement conscience. J'avais serré sa main et nous avions continué à regarder notre film.*

*Oui, il me parlera quand il sera prêt et il me permettra de le rejoindre. Je me demande d'ailleurs si le fait que j'ai déjà perdu mes parents ne le pousse pas à taire ce qu'il aurait naturellement exprimé !*

*Ta maman, qui est aussi une épouse.*

- Tu vas me manquer.
- Je rentre demain soir, me répond mon mari en bouclant sa valise.
- Et si j'accouche ?
- C'est un peu tôt non ?
- On ne sait jamais…

- On capte là-bas tu sais, et ce n'est pas loin, je rentrerai en cas d'alerte.
- Tu parles, tu auras trop bu pour conduire !
- Jalouse…
- Un peu.
- C'est le week-end des 40 ans de Seb et peut-être le dernier avec mes meilleurs potes avant un bon moment, plaide-t-il.
- Il a de la chance d'être vieux celui-là ! je grogne. Il se rend compte que tu abandonnes ta femme ?
- Je te rappelle qu'il a aussi une femme et des jumelles !
- Qui ont huit ans maintenant !
- Éric et Jérôme ont des enfants plus jeunes… et leurs femmes les laissent profiter.
- Est-ce qu'elles ont le choix ?

Yann ne se laisse pas attendrir par ma mine boudeuse. Il me serre contre lui :

- Tu sais que je vous aime toi et ta mauvaise foi !
- Gardes quand même ton téléphone à côté de toi…

La sonnette de la porte retentit. Je vais ouvrir la porte pour laisser entrer les trois fameux copains, la mine réjouie, prêts à faire les quatre cents coups. Je râle, décidée à ne pas leur faciliter la tâche :

- On dirait que vous faites un deuxième enterrement de vie de garçon.
- C'est un peu le cas ! réplique Jérôme en tapant sur la poitrine de Sébastien. Quarante ans, ça se fête !

Ils se tapent dans les mains. Je marmonne, sans toutefois réussir à cacher entièrement mon sourire :

- Des vrais gamins.

Ils repartent, presque aussi vite qu'ils étaient arrivés, entraînant Yann et son sac dans la foulée. Je quémande, juste avant que la porte ne se ferme :
- Un dernier bisou !
Il m'embrasse à pleine bouche avant d'être tiré en arrière et de disparaître dans les escaliers.
- Profites-en bien !

***

- Nous sommes bien arrivés au gîte.
- C'est sympa ?
- Très. Ils sont tous en train de s'installer donc j'en profite pour t'appeler…
- Yann, lâche ton portable. On commence l'apéro !
- Visiblement, l'installation est terminée !
- Je dois te laisser...
- Bon week-end, mon chéri.
- Tu as prévu quelque chose de ton côté ?
- Ne rien faire…
- Bon week-end, ma puce.

Je raccroche et regarde autour de moi. Le bruit que j'entendais en arrière-fond de la conversation avec mon mari faisait un contraste saisissant avec le calme de mon appartement. Je me lève pour aller ouvrir les fenêtres. Juste devant mon balcon, un oiseau chante. La mélodie est agréable, mais j'ai besoin de plus pour faire reculer le sentiment de vide que me laissent ces quelques minutes passées au téléphone. Je mets de la musique, mais cela ne me convient pas non plus. Cela fait tellement longtemps que je ne suis pas restée avec autant de temps libre : pas de mari avec qui faire une activité quelconque ou simplement rester à la maison, pas d'amie à voir ou de sortie programmée. Cette soudaine liberté est angoissante. Tellement de possibilités que je ne sais que choisir. Combien de fois me suis-je dit « si j'avais le temps » et maintenant que je l'ai, mon cerveau est vide. J'aurais dû faire une liste. Je peux peut-être commencer par ça. Ayant enfin un objectif, accompagnée d'une musique entraînante, je commence ma liste des choses que je voudrais faire. En quelques minutes, elle est déjà tellement longue qu'un week-end complet ne suffira pas.

***

Lorsque Yann passe enfin la porte de chez nous le dimanche soir, je l'attends assise bien droite dans le canapé. La télévision est éteinte et je vois à sa tête qu'il a compris que quelque chose n'allait pas.

- Tout va bien ma chérie ? se risque-t-il en posant sa valise dans l'entrée.
- A toi de me le dire !

Mon ton est sec. Il attend que je poursuivre alors je lui demande avec ironie :

- Tu as passé un bon week-end ?

Il ne répond pas tout de suite, flairant un piège. Je l'imagine bien se remémorer le week-end pour voir quel moment a pu déclencher ma fureur. Je doute qu'il s'en souvienne, mais je le laisse se dépêtrer tout seul.

- Oui, c'était chouette, ose-t-il finalement, on s'est bien marré.

Réponse neutre, pas d'engagement.

- Ça, je veux bien te croire.

Nouveau doute affiché sur son visage, Yann se creuse la tête pour savoir à côté de quoi il est passé.

- Tu ne te souviens pas m'avoir appelée au milieu de la nuit.

Il reste interdit. Samedi. Il réalise qu'il m'a appelé dans la nuit, le soir d'une monumentale beuverie avec ses potes, alors qu'il m'avait dit qu'il ne boirait pas trop, et surtout qu'il n'a aucun souvenir de cet appel. C'est une petite vengeance personnelle. Il est en train de se demander quelles horreurs il a pu me dire dans ce moment d'oubli. Je garde le visage fermé, attendant quelque chose, mais je ne sais même pas quoi moi-même. Il m'a blessée mais il ne le sait pas.

- Désolée ma chérie, ça ne devait pas être joli à entendre, plaisante-t-il, embarrassé.
- Tu m'étonnes.

C'était pire que ça.

- Tu ne te rappelles pas ce que tu m'as dit, je me trompe ?

Il se décide à jouer franc jeu, conscient que je ne suis pas dupe :

- Heu, non, m'avoue-t-il.

C'est ce que j'attendais. J'attrape donc mon portable, posé sur la table basse, et lui fait écouter en haut-parleur le message enregistré sur mon répondeur. Yann peut entendre comme moi sa voix rendue pâteuse par l'alcool. Son articulation est laborieuse et les mots s'emmêlent :

- Ma Mél… ma Mélanie…

Il a la décence de rougir un peu.

- Tu sais bien que je ne peux rien te refuser… pas même un bébé…

La stupeur sur son visage me confirme qu'il n'a aucun souvenir de m'avoir laissé ce message et surtout que ça s'annonce mal comme introduction.

- Cet enfant je le voulais très fort : un mini toi ou un mini moi. Et quand j'ai entendu son cœur battre pendant l'échographie, je n'avais aucun doute. Mais là je ne sais pas… j'ai peur que ce soit trop dur, trop lourd à porter. On aurait peut-être dû rester un peu plus longtemps nous deux avant de devenir trois. C'est une sacrée responsabilité quand même de devenir parent. Est-ce qu'on n'est pas trop jeunes ? est-ce que…

Je choisis ce moment pour couper le téléphone. Nous en avons assez entendu.

- Il y en a pour plus d'une minute de message identique, et encore, c'est parce que la messagerie a raccroché !

Je lui précise, furieuse :

- Et si tu te poses la question, la réponse est « oui, j'ai tout écouté ».

Observant son visage avec attention durant plusieurs secondes et n'y voyant que de la surprise, je me radoucis :

- Pourquoi tu ne m'as rien dit ?
- A propos de quoi ?
- De tes doutes.

Yann est embarrassé :

- Ce ne sont pas de vrais doutes…
- Tu veux que je te fasse écouter les deux minutes entièrement ? Je réplique.

- Non, ça ira.

Il soupire et s'assied enfin à mes côtés sans oser me toucher.

- Samedi soir, les mecs ont commencé à me peindre un tableau noir de chez noir, et j'avoue que j'ai un peu flippé.

J'attends sans un mot qu'il poursuive.

- J'ai eu peur de perdre ma femme pour un enfant que je ne connais pas encore et j'avais du mal à imaginer ce que serait notre vie après. Le lendemain, ils m'ont dit que c'était une sorte de baptême du feu et qu'ils avaient voulu me faire flipper, mais sur le moment, ça a fait écho en moi.

J'imagine parfaitement la scène. J'aimerais leur en vouloir, mais à part avoir été de parfaits crétins, ils n'avaient pas pensé à mal.

- Je ne savais même pas que je flippais. Et même si je l'avais su, je ne suis pas sûr que j'aurais osé t'en parler… en tout cas, je ne l'aurais sûrement pas fait comme cela. Mais entre la perte de ta mère, les hormones, les changements de ton corps, tes propres doutes, je n'ai jamais trouvé le bon moment pour en parler avec toi.
- Donc tu avais des doutes
- Non ! Pas des doutes, mais l'envie de partager mes questionnements avec toi.
- On partage non ?
- Oui…

Il marque une pause, hésitant à poursuivre.

- Tu te souviens de la dernière nuit que nous avons passée ensemble avant le mariage ?

J'acquiesce.

- Ce soir-là j'ai pu te parler à cœur ouvert, je n'avais pas peur que tu interprètes mal mes propos. J'ai pu te dire que je savais que tu étais la femme de ma vie mais que l'engagement c'était autre chose. Que je flippais de tous ces regards que j'imaginais sur nous le surlendemain.

Je comprends ce qu'il veut me dire :

- Tu n'as pas osé me faire part de tes craintes parce que tu avais peur que mes propres problèmes et inquiétudes m'empêchent d'interpréter correctement tes mots.

Il hoche la tête, soulagé.

- Exactement.

Je lui caresse la nuque :

- Le bon moment c'est quand tu en as besoin, mon amour. Si je n'avais pas eu entièrement confiance en toi pour me dire les choses au moment opportun, je ne me serais pas autorisée à m'appuyer entièrement sur toi. Je suis désolée de n'avoir rien vu.
- Je suis désolé de n'avoir rien dit.
- Tu regrettes vraiment ? Je demande d'une voix douce.
- Non ! S'écrie-t-il, comprenant immédiatement que j'ai changé de sujet.

Il reprend, plus calmement :

- Je veux notre enfant, sans aucune hésitation. J'adore l'idée que tu le portes, voir ton corps changer, notre couple se renforcer. Ils m'ont dressé un tableau apocalyptique sur la fin de nos privilèges de couple sans contrainte... Ce n'était pas beau à imaginer ! Je me suis laissé faire comme un bleu.
- Les idiots... tu vas voir quand je raconterai ça à leurs femmes...

Yann sourit légèrement :
- Je n'aimerai pas être à leur place.
Puis après un silence gêné :
- Tu m'en veux ?
Je soupire en caressant mon ventre. Maintenant que la colère est retombée, je ne peux empêcher les larmes de noyer mes yeux. Fichues hormones !
Je lui avoue finalement :
- Ce n'est pas ce que tu as dit qui m'a fait le plus de peine. Ce qui me blesse c'est qu'on a toujours été une équipe et que tu l'as joué perso sur ce coup-là.
- Je ne suis pas parfait, murmure-t-il.
Je me redresse et lui caresse tendrement la joue tandis qu'il attend le verdict :
- Promets-moi que nous ne serons pas que des parents.
- Je…
Je l'interrompt avant qu'il ne puisse poursuivre :
- Promets-moi que nous resterons aussi des amants et des amis et surtout, que nous ne laisserons pas notre futur devenir apocalyptique…
Il sourit avant de conclure :
- Je te le promets.
Puis, encore hésitant :
- Je peux t'embrasser maintenant ?
- Tu as intérêt !
Il m'embrasse doucement d'abord, puis rapidement, son baiser se fait plus insistant. Sa langue s'immisce dans ma bouche, m'arrachant un gémissement.
- Si on commençait l'entraînement dès maintenant ?

murmure-t-il contre ma bouche.

- Bonne idée, on a un week-end à rattraper.

# 19

*Dimanche 11 mai 2014*

*Mon ange*

*Ton grand père est mort hier.*

*Pour ton père, ça a été un soulagement : le voir souffrir ainsi ces derniers jours, était bien plus difficile que de le perdre, même si les médecins et soignants ont fait tout ce qu'ils pouvaient pour l'aider.*

*C'est ce qu'il m'a confié lorsqu'il s'est enfin décidé à s'ouvrir à moi : « Il est mieux là où il est ». C'est dans des cas comme celui-ci que je me dis que c'est une chance d'avoir eu une éducation religieuse parce que l'existence d'un « après » permet d'adoucir la perte : on peut s'imaginer le retrouver plus tard, dans une autre vie, une vie meilleure. Je n'ai jamais vraiment su si mes convictions étaient liées à mes propres croyances ou juste à une éducation catholique incrustée en moi, mais je sais qu'elle m'apporte une paix que je chéris.*

*Cela n'enlève pourtant rien à la tristesse que l'on ressent d'avoir perdu un proche : son père, sa mère, sa femme, son mari… son grand-père. Quand on pleure quelqu'un, on pleure celui qui est parti, mais on pleure aussi sur tout ce qu'on ne pourra plus lui dire ou faire avec lui. Tu l'avais imaginé danser avec toi à ton mariage, peut-être même rencontrer tes enfants, avant que l'on sache qu'il était malade… Alors pleure ma chérie, tu as le droit d'être triste, même si, comme disent certains, ce n'était « que » ton grand-père. Je sais qu'il a beaucoup compté pour toi et toi seule peut mesurer l'intensité de cette perte. Moi aussi je pleure, même si je ne veux pas que ton père le sache. Je pleure sur l'homme qu'il était, mais aussi sur mes parents perdus, car ton père se retrouve comme moi il y a quelques années : orphelin. Et ce n'est pas simple, même à nos âges.*

*Heureusement, après la tristesse, il reste la nostalgie, le souvenir que l'on peut entretenir et qui nous permet de ne nous souvenir que des bons moments.*

*C'est aussi pour cela que je t'écris ces lettres : pour que, le jour où je ne serai plus là, tu gardes quelque chose de moi qui prolonge un peu notre lien.*

*Ta maman qui t'aime*

- Salut Mélanie, déjà là ?

Me dirigeant vers mon bureau, je salue mon collègue qui était de garde cette nuit.

- Oui, ta nuit s'est bien passée ?
- Ça peut aller. Juste la médecine qui vient d'appeler pour un patient, j'ai envoyé l'interne. J'attends qu'il me contacte quand il en saura plus.
- Ah ? quel est le problème ? C'est étonnant qu'ils appellent alors que le médecin de chez eux arrive bientôt…
- Une histoire de fin de vie.

Je suspends mon geste.

- Une fin de vie ?
- Oui, apparemment c'est un jeune avec un cancer et il avait mal.
- Tu as laissé l'interne y aller seul ?

Je regrette aussitôt mon ton sec. Je déteste passer pour une donneuse de leçons et pourtant, c'est exactement ce à quoi je ressemble à l'instant.

- Oui, il fallait que je gère une urgence, se défend mon collègue, un peu surpris par ma réaction.

Je vais dans mon bureau, poser mon sac et enfiler une blouse mais sans la fermer puisque la taille de mon ventre ne me le permet plus. En repassant devant le bureau des médecins où mon collègue travaille toujours, je l'informe :

- Commencez les transmissions sans moi, je vais voir comment il s'en sort.

Je monte dans l'ascenseur pour rejoindre le service de médecine. Les infirmiers sont tous en chambre pour leur tour de constantes et les couloirs sont vides. Heureusement, l'aide-soignant sort de la salle de soins juste devant moi.

- Bonjour, pouvez-vous m'indiquer la chambre où se trouve l'interne des urgences ?
- 317.
- Merci.

J'arrive devant la porte et prend une légère inspiration avant de frapper. Une voix étouffée me signale d'entrer et en ouvrant la porte, j'aperçois le jeune interne en train d'ausculter un patient à peine plus vieux que lui qui grimace. Je lui fais signe d'approcher tout en me présentant au patient :

- Bonjour Monsieur, je suis le Docteur Bley, un autre médecin des urgences.

Puis, me tournant vers l'interne, j'ajoute :

- Vas-y, raconte-moi.

- Patient de 29 ans avec cancer métastasé aux os. Il a très mal.
- Combien de morphine ?
- Pas assez, gémit le patient dans son lit.
- Ok.

Je m'approche du lit et prend la main du patient, très doucement.

- Je vais regarder votre dossier et on va rapidement chercher comment soulager la douleur.
- Merci.

Le visage est pâle, un léger voile de sueur recouvre son front. Il souffre visiblement mais parvient à esquisser un sourire. Je fais signe à l'interne de sortir avec moi.

- Montre-moi son dossier.
- Il a déjà de grosses doses de morphine, argumente le jeune en affichant son dossier à l'écran.
- Et donc ?
- Je ne peux pas lui en donner plus !
- Pourquoi ?

Je m'efforce de garder la voix douce pour ne pas que mes questions passent pour un interrogatoire. Il n'y a pas de mauvaise réponse, mais je veux l'amener à réfléchir.

- Parce que c'est dangereux.
- Pour qui ?
- Pour lui bien sûr !

Nous y voilà… la peur de précipiter un patient vers la mort. Cette peur qui empêche certains médecins de soulager réellement les patients alors qu'en réalité, il n'y a plus de guérison à attendre.

- Tu ne crois pas qu'il est au-delà de ça ?

Puis, plus doucement :

- Il est en train de mourir et il souffre. C'est la seule chose dont tu dois tenir compte dans son état. Il a besoin de soins… mais de soins pour le soulager. Les traitements qu'on va lui prescrire lui permettront de pouvoir parler à sa famille tout à l'heure, lui permettront aussi de dormir un peu. Il ne deviendra jamais dépendant, parce qu'il est en fin de vie…

L'interne est nerveux, visiblement mal à l'aise. Je repense au jour où je me suis retrouvée confrontée à la même situation, un patient de mon âge et phase terminale d'un cancer. L'histoire se répète. Je pose une main sur son épaule.

- Je suis désolée que ton sénior t'ait envoyé prendre ce patient en charge.
- Il avait une urgence à gérer en bas.
- Oui, c'est probablement la vraie raison, surtout que ce n'est pas son genre de laisser un interne en difficulté. Mais c'est dur pour n'importe quel médecin de se trouver face à la souffrance ou à la mort de quelqu'un de jeune. On le vit tous comme un échec. Alors parfois, on préfère mettre la tête dans le sable et laisser un autre y aller, même un interne. Parfois aussi on n'a pas conscience que l'on met un jeune inexpérimenté dans une position inacceptable.
- Je suis crevé, murmure l'interne. Je… je n'ai pratiquement pas dormi de la nuit et quand je me suis retrouvé dans sa chambre, c'est…

Il baisse la tête, visiblement à bout avant de terminer :

- Il a l'âge de mon frère.

- Je sais. Mais je suis là maintenant. Tu vas redescendre dans le service, je m'en occupe. Fais tes transmissions aux autres et tu leur dis que j'arrive. Ensuite, toi et moi on aura une discussion : il ne faut pas que tu rentres chez toi avec tout ça en tête. C'est d'accord ?
- Merci.

L'interne acquiesce avant de s'éloigner, soulagé. Je le regarde disparaître dans l'ascenseur en me rappelant qu'à l'époque où j'avais été confrontée à cette situation, il n'y avait eu personne pour prendre le relais. Personne non plus pour débriefer de la situation avec moi. Je m'étais retrouvée seule, face à ce patient pratiquement de mon âge et en train de mourir, face à sa maladie, à ses questions et à celles de sa petite amie. J'avais fini par partager ça avec ma mère, n'osant pas en parler directement à mon responsable, ni même à un autre médecin du service. J'avais considéré cela comme normal, une façon de m'endurcir et de me faire comprendre que ce métier n'était pas une promenade de santé. Ce n'est que plus tard que j'avais compris que c'était plus que cela, ce n'était même pas de la lâcheté : c'était de la peur, de la honte, un sentiment d'échec que ce patient réveillait chez son propre médecin et qui l'empêchait d'entrer avec moi dans cette chambre ce jour-là… tous comme les jours qui avaient suivi. Mais en médecine, on ne guérit pas toujours et « prendre soin » dépasse largement la simple question de la maladie… il s'agit plutôt du patient en tant qu'être humain dans sa globalité. A partir du moment où j'avais compris cela, je m'étais promis que je ne laisserai jamais un jeune face à des décisions trop lourdes pour lui, sans quoi, la situation fait deux victimes : le patient bien sûr, mais aussi le jeune médecin qui reste marqué. Après avoir adapté le traitement et transmis à l'infirmière, je regagne mon service, consciente également je ne dois pas être trop prompte à juger mes collègues. Même moi, il me faut parfois passer la main… Le plus important étant qu'il y ait toujours quelqu'un pour prendre le relais et continuer. Aujourd'hui, c'était mon tour.

# 20

*Samedi 6 Septembre 2014*

*Mon ange,*

*Vous venez de finir votre emménagement et vous nous avez invités ainsi que ta future belle-famille pour une visite officielle. L'appartement que vous avez acheté est magnifique et vous y serez bien. Je sais que cela ne fait pas encore partie de vos projets, mais je ne peux m'empêcher de penser avec joie à cette deuxième chambre… Vous l'avez présentée comme le bureau, mais un jour, ce sera la chambre d'un enfant. Je vous le souhaite de tout cœur. Je NOUS le souhaite de tout cœur, car je me sens tout-à-fait prête à être grand-mère ! Assis dans votre salon, nous avons trinqué à votre avenir, au champagne bien sûr ! J'adore célébrer chaque occasion, en particulier lorsque cela concerne ton bonheur. Ton père se désespère toujours de me voir aussi fleur bleue, mais que veux-tu, je suis ainsi. J'espère que je t'aurai appris à profiter de chaque instant, car les bons moments ne peuvent être appréciés que si on en prend le temps. Quant aux mauvais, ils finissent toujours par passer. Vous voir au milieu de vos cartons, m'a rappelé le jour où ton père et moi avons trouvé notre propre appartement. C'était comme un nid, l'endroit où nous allions construire quelque chose, notre famille, notre vie. Bien sûr, les choses évoluent, parfois on s'envole ailleurs, les projets changent, mais on apprend vite que le foyer n'est pas un lieu fixe et qu'il est surtout là où l'autre se trouve.*

*Tu as fini par dénicher tes enceintes dans un carton et Yann a mis de la musique. Nous avons dansé sur Charles Aznavour en chantant « mes amis, mes amours, mes emmerdes » et « la Bohème » à tue-tête. Et tu as pris une photo pour immortaliser cela : des yeux brillants, des visages hilares, une famille composée avec vous deux au milieu.*

*J'aime beaucoup cette photo. Je crois que je vais la faire encadrer.*

*Hier encore j'avais vingt ans,*
*Je caressais le temps*
*Et jouais de la vie*
*Comme on joue de l'amour*
*Et je vivais la nuit…*

*Ta maman, qui n'a plus vingt ans, sauf peut-être dans sa tête*

Debout dans la file d'attente devant les caisses du magasin de meubles, je caresse mon ventre.

- Ça va ? me demande Yann inquiet.
- Oui, très bien !

Il pose à son tour une main sur sa fille.

- Elle t'embête ?

Je souris :

- Non, ça tire un peu à force d'être debout, mais je pense qu'elle dort.
- Elle se repose d'avoir fait la java pendant l'échographie.

Ce souvenir me tire un nouveau sourire : effectivement, elle donnait l'impression de danser sous la sonde, malgré le peu d'espace qui lui restait. Un ballet lent et majestueux.

- Elle sera comme sa mère, me murmure Yann affectueusement : incapable de se poser !
- Au moins, on a les meubles de la chambre.

Mon mari acquiesce. Il lui reste encore la deuxième couche de peinture à faire, il a fini de poser le parquet avec mon père le week-end dernier. Nous avons trouvé son lit, une table à langer, une jolie armoire en bois brut assortie et même un beau tapis tout doux et plein de couleurs.

- Je dois aller chercher quelque chose tout à l'heure, c'est sur le chemin.
- C'est quoi ?
- Une surprise…

Trop lasse pour attendre plus longtemps, je m'éloigne :

- Tu continues à faire la queue ? Je vais aller m'asseoir un peu.

***

Cette nuit-là, comme presque toutes les nuits depuis un mois, je me réveille. Malgré le coussin d'allaitement positionné pour soutenir mon ventre, je dors mal. Il est très tôt, 4h d'après ma montre. J'ai deux heures avant que le réveil ne sonne, mais mon ventre est lourd et ma respiration un peu laborieuse en position allongée. J'ai besoin de me lever. Une infusion me fera sûrement du bien. Je mets l'eau à chauffer, sors un sachet, du miel et me prépare le breuvage chaud qui m'aidera peut-être à me rendormir. Puis, la tasse dans les mains, je me rends dans la chambre de notre fille. Tout est encore en chantier. Yann n'a pas pu terminer la deuxième couche de peinture hier et les meubles ne sont pas montés. Au milieu de la pièce, trône ma surprise. Je caresse le vieux bois de la chaise à bascule, puis déplie le plaid posé dessus et m'assieds dans cette merveilleuse antiquité. Une tasse dans la main, l'autre posée sur mon ventre qui s'anime, je ferme les yeux et laisse ma tête reposer sur le dossier. Je berce doucement notre fille en chantonnant dans la pénombre. Yann dort profondément. Son léger ronflement m'accompagne et j'ai le sentiment de vivre un instant parfait. Mon mari m'a vraiment fait une magnifique surprise…

# 21

*Samedi 1er novembre 2014*

*Mon ange*

*Aujourd'hui vous êtes venus déjeuner. Tu viens de terminer ton internat et lundi tu prends ton nouveau poste.*

*Je sais que cela t'angoisse et c'est normal ! Qui ne serait pas inquiet de commencer un nouveau travail ? Tu passes du rôle d'interne, encadrée par un senior, à celui de senior qui va encadrer des internes comme celle que tu étais hier. Le fait que l'on parle de prendre en charge des êtres humains ne doit rien arranger. Le plus étonnant, c'est que ce qui te fait le plus peur, c'est de te lasser. Au cours de tes études, tu n'étais jamais restée plus de six mois au même endroit et tu m'as avoué que tu n'étais pas sûre de pouvoir rester dans le même service sans avoir l'impression d'en avoir fait le tour au bout d'un semestre. Seulement, je pense que tu te rendras vite compte que c'est une fausse idée. Quand on prend de nouvelles responsabilités, on est en perpétuelle évolution. Tes stages t'ont permis d'emmagasiner un tas de connaissances et dès le début, tu en connaissais la durée. Dans un travail, l'investissement n'est pas le même, l'échelle de temps est plus grande et, même si les bases sont acquises, on est encore à l'état brut. Le premier poste te modèle pour devenir la professionnelle que tu seras plus tard. Mais nous avons tous eu un jour cette question en tête lors de nos premiers jours : « ai-je fait le bon choix ? »*

*Lorsque j'ai ouvert mon magasin, crois-moi, j'avais la boule au ventre. La peur d'échouer ou de mal faire, de ne pas satisfaire mes clients, de manquer du sens commercial nécessaire…*

*Ce sont de saines interrogations, du genre qui t'empêchent de te reposer sur tes lauriers, qui te poussent à te remettre en question, à aller plus loin.*

*On en reparlera, mais je suis certaine que le jour où tu quitteras ce service, tu regarderas derrière toi avec l'impression que quelques mois se sont passés, mais ces mois se seront transformés en années et ces années auront contribué à faire de toi le médecin et la femme que tu seras. Je ne peux pas te dire cela maintenant, tu ne l'entendrais pas… c'est une leçon que tu dois vivre par toi-même et comprendre seule. Ce jour-là, tu penseras à moi et quand tu liras cette lettre, tu te souviendras.*

*Ta maman expérimentée*

- Prends soin de toi !

Je remercie tous mes collègues rassemblés pour me dire au revoir. Je leur promets :

- Je repasserai vous voir !
- Tu parles, tu es en congé maternité, profites-en pour prendre du temps pour toi !

Je récupère encore quelques affaires, range ma blouse, vide mon casier et soupire. Qu'est-ce que je vais bien pouvoir faire ces prochaines semaines ? L'accouchement est dans un mois et la chambre est déjà pratiquement prête. Je dois encore préparer ma valise pour la maternité, mais je n'ose pas avouer à Yann que cela m'angoisse : tout devient soudain beaucoup trop concret. Et puis, j'ai peur de m'ennuyer toute seule chez moi. Yann ne sera pas encore en congé, il garde ses jours pour après la naissance. Je repense au jour où je suis arrivée dans mon service. Plus de deux ans se sont écoulés depuis et je n'ai jamais eu de regrets. Je souris à moi-même : ma mère avait raison. Je peux regarder en arrière et voir que les mois se sont transformés en années sans que je ne sente le temps passer.

Je pose mes possessions dans le coffre, n'ayant laissé que le strict minimum dans mon placard, et démarre la voiture. Ce sera ma plus longue absence du service depuis la fin de mon internat, depuis mon embauche. Cela me fait drôle de prendre le chemin de la maison sachant que pratiquement tous les jours de la semaine, j'ai fait ce trajet pendant deux ans et demi. Matin et soir. Exceptés les jours de garde où je ne le faisais qu'une fois. La prochaine fois que je reprendrai cette route, je serai maman. Je stoppe mon véhicule, juste avant de sortir du parking de l'hôpital, et met au point mort. Juste une minute, c'est tout ce dont j'ai besoin pour que ma gorge se dénoue. Ce n'est pas le fait de quitter l'hôpital qui me chamboule, c'est tout le reste et ce que cela implique. C'est le chemin parcouru, c'est me souvenir de celle que j'étais et de voir celle que je suis devenue. Et c'est Elle. Je caresse mon ventre et la sens venir taper gentiment contre ma main, comme si elle était consciente de mon émotion. Jusque-là, dans le mouvement incessant du travail et de l'installation, je n'avais pas vraiment eu le temps de me poser ou de réaliser. Mais à cette instant, la réalité me rattrape et me frappe. Dans maximum un mois, un petit être aura pris entièrement possession de ma vie. Est-ce que ma mère a elle aussi ressenti ce moment de panique ? Ce mélange de joie et d'inquiétude ? Une nouvelle fois le doute m'envahit : est-ce que je suis prête ? Et Yann ? Il semblait tellement sûr de lui jusqu'à il y a peu, alors que ce n'était qu'une apparence…

Je compose son numéro et il décroche dès la deuxième sonnerie :

- Allo ?

Je suis soulagée d'entendre sa voix :

- Yann, c'est moi…
- Oui, je sais.

Il rit :

- Je te rappelle que ton numéro s'affiche. D'ailleurs, dans le cas contraire le « c'est moi » ne voudrait rien dire.

J'éclate en sanglots.

- Mince, tu vas bien ?
- Non, ça ne va pas !
- Pourquoi ? Tu as eu un accident ?

Je ne peux pas lui répondre, encombrée de sanglots.

- Tu as mal ?

Les bruits qu'il entend commencent à l'inquiéter pour de bon :

- C'est le travail qui a commencé ?

Il faut que je me calme sinon il va débarquer à l'hôpital. J'arrive enfin à articuler

- Non.
- Tu veux que je vienne te chercher ? Tu es où ?

Comprenant qu'il n'obtiendra aucune réponse intelligible tant que je continuerai à pleurer, il change de tactique et essaie de me calmer.

- Ça va aller ma chérie, respire, …

J'écoute le son de sa voix. Je culpabilise de l'avoir alarmé pour rien.

- Excuse-moi…
- T'excuser de quoi ?
- J'ai paniqué. Tout va bien, mais ce soir c'était mon dernier jour et j'ai été prise d'une angoisse.

Après un instant de réflexion, mon mari propose :

- Je rentre bientôt du travail. Si tu ne te sens pas en état de conduire, je pars maintenant et je viens te chercher.
- Non mon chéri, ça va mieux.
- Tu es sûre ?
- Oui… Je suis contente qu'on ait pu parler la dernière fois.
- Je te dirais bien que moi aussi, mais il va falloir que tu précises de quelle « dernière fois » il s'agit…
- Après ton fameux week-end.

Je l'entends rire doucement.

- Ah, celle-là… je préfère me souvenir de notre réconciliation.

Il me fait rire par-dessus mes larmes et je me sens enfin mieux.

- Cela me fait du bien de savoir que je ne suis pas la seule à angoisser.
- A ton service. Avec les hormones en prime, ça multiplie tout par dix !

Je proteste :

- Tu exagères !
- Heu, objecte-t-il, dois-je te rappeler qu'hier tu t'es mise à pleurer devant une vidéo de chatons ?
- Ils étaient tellement mignons ! N'importe quel être humain avec un cœur aurait craqué !
- Et la vidéo sur le bébé crocodile recueilli par un chasseur qui venait de tuer la maman ?
- Je ne suis pas dans mon état normal !
- C'est bien ce que je dis…

Puis, comme une caresse au creux de l'oreille, il me murmure :

- Ce week-end, on sera tous les deux, rien que toi et moi.
- D'accord.
- Maintenant, est-ce que tu es sûre que tu te sens en état de conduire ?
- Oui. Je te retrouve à la maison.
- A tout à l'heure, mon amour.

Ce week-end-là, nous sommes restés au lit à dormir, parler et faire l'amour. Et lorsque le lundi, Yann est parti travailler, je me sentais sereine et enfin prête à prendre du temps pour moi et pour la venue de notre bébé.

# 22

*Dimanche 6 septembre 2015*

*Mon ange*

*Hier c'était le jour de votre mariage. Assise devant, j'ai d'abord regardé Yann entrer au bras de sa mère. Il était beau, il souriait, heureux et à sa place. Puis, il s'est tourné vers l'entrée et tu t'es avancée au bras de ton père. Je n'ai pas honte de dire que j'ai pleuré comme une Madeleine. De te voir marcher ainsi dans l'allée principale de l'église de ton enfance, au bras de ton père tellement ému, « Amazing Grace » en fond, cela m'a chamboulée. Tu étais si belle dans ta robe blanche. Les flashs crépitaient, tout le monde, debout, t'admirait tandis que tu rejoignais Yann. Le regard que vous vous lanciez… comme accrochés l'un à l'autre. Ton père m'a tendu un mouchoir en se moquant et il m'a pris dans ses bras. Mon bébé… Mon bébé s'est marié ! J'avais bien le droit de pleurer, n'en déplaise à la maquilleuse !*

*Et tout s'est enchaîné : vos vœux, l'échange des alliances, le vin d'honneur, le dîner, la danse, la soirée…*

*Avant même que j'ai pu le réaliser, tu étais mariée, prête à partir pour ton voyage de noces.*

*Quand tu deviens mère, on ne te prépare pas à pleurer autant pour quelqu'un d'autre : pleurer de peur, pleurer devant la souffrance de son enfant et surtout, pleurer de joie…*

*Sois heureuse mon ange,*

*Vole de tes propres ailes*

*Ta maman qui t'aime.*

Installée dans mon canapé devant la télévision, la tête sur les genoux de Yann, je me redresse.

- Ça va ?
- Je ne sais pas…

J'avais senti quelque chose… puis plus rien. Au bout d'une minute, je me rallonge.

- Non, ce n'est rien.

Mais quelques minutes après, je me relève.

- Qu'y a-t-il ?
- Je ne sais pas… J'ai un peu mal dans le bas du ventre.

Nous recommençons à regarder la télévision mais aucun de nous ne suit plus réellement l'histoire. Nous ne faisons que fixer l'écran et les images qui défilent. Notre esprit est ailleurs. Ce matin, c'était le rendez-vous avec la sage-femme de l'hôpital : tout allait bien, le monitoring était plat, pas de contraction. Notre fille bougeait et avait suffisamment de liquide pour rester encore un peu au chaud, mais comme le terme était prévu pour aujourd'hui, elle nous a fixé un nouveau rendez-vous après-demain. Assis côte à côte, nous attendons, la main de Yann est posée sur mon ventre. Mon ventre durcit de nouveau et il me regarde. Lui aussi a senti. Je banalise, du moins j'essaie :

- Ce sont peut-être de fausses contractions. Je vais attendre un peu, puis je prendrai un bain histoire de me détendre un peu.

Mon mari acquiesce, mais je sais qu'il n'est pas dupe de mon calme apparent. Mon cœur bat tellement fort que je m'étonne qu'il ne le sente pas bondir. Je me sens fébrile : si ça se trouve, le travail a commencé… Son regard glisse sur mon ventre. Je devine ses pensées, parce que j'ai les mêmes : Si ça se trouve, il va bientôt être papa… pouvoir enfin tenir sa fille dans ses bras…
Je me rallonge sur le côté, la tête sur ses genoux et il me passe la main dans les cheveux d'un geste apaisant. Lorsque le film est terminé, je me lève pour me faire couler un bain. Au bout de trente minutes, alors que je me détends dans l'eau tiède, mon mari entre timidement.
- Tu vas bien ?
J'acquiesce en silence.
- On va se coucher ?
- Je te rejoins.

***

Quand je m'étends enfin à ses côté, Yann m'enlace et je me pelotonne contre lui.
- Tu as toujours des contractions ?
- De temps en temps.
- Tu me dis ce que tu veux faire…
- Je pense qu'il faut attendre encore un peu.
- D'accord.
J'attrape le coussin d'allaitement et je m'installe confortablement, dos à lui pour qu'il se love contre moi.

Il pose une main sur mon ventre et notre fille vient taper comme pour lui dire qu'elle sera bientôt là. Alors que je pensais ne pas pouvoir fermer l'œil, je m'endors dans sa chaleur, bercée par la respiration de mon homme.

***

Mon gémissement le réveille.

- Mélanie ?

Occupée à contrôler ma respiration, je ne lui réponds pas.

- Mélanie, ça va ?
- Non… je crois que le travail a commencé.
- Ok.

Ma réponse met un peu de temps à se frayer un chemin vers la partie consciente de son cerveau et il bondit.

- Ok ! reprend-il plus éveillé cette fois. Ça fait longtemps ?
- Pourquoi ?

Il hésite :

- Pour savoir si j'ai le temps de prendre une douche ?

Je l'y autorise et il se précipite sous le jet pour achever de se réveiller. Lorsqu'il sort, les cheveux tout humides, je me suis assise sur le ballon. J'ai du mal à me détendre, puis, la contraction cesse et je sens tout mon corps se relâcher enfin.

- Je suis prêt.
- Alors on y va…

Le temps de descendre, à peine assise dans la voiture, une nouvelle contraction arrive.

- Ça va aller ?

- Oui, si tu conduis doucement.

Ma voix semble le supplier.

- Je sais, inutile d'avoir en plus un accident.
- C'est surtout que les secousses me font mal.
- Ah, compris ! Pas d'accident, pas de secousse et une arrivée rapide… facile !

Il inspire un grand coup et parvient à m'amener sans encombre jusqu'à destination. Il était temps : les contractions se sont rapprochées. Yann me soutient tandis que j'essaie de marcher, mais je suis obligée de m'arrêter toutes les trois minutes en raison des douleurs qui m'empêchent d'avancer. Je ressens son inquiétude ainsi que le soulagement qui l'envahit lorsque l'on franchit enfin les portes de la maternité.

- On y est ma chérie, tiens bon.

Puis, il ajoute à l'intention de la sage-femme :

- S'il vous plaît, j'ai besoin d'aide, ma femme est en train d'accoucher.
- Son terme est pour quand ?
- Aujourd'hui.
- Très bien, dit-elle en lançant un appel. Je vais vous installer en salle de pré-travail pour l'examen et le monitoring.

Une aide-soignante arrive avec un fauteuil roulant et nous la suivons. L'appareil de monitorage est positionné en un temps record, et rapidement, j'aperçois les contractions enregistrées qui ressemblent à de petites montagnes. Yann les fixe comme hypnotisé : un pic, des gémissements, un pic, des gémissements. Sa main lui fait mal au même rythme tandis que je m'y accroche lorsque la douleur est trop forte. Par-dessus, le cœur de sa fille bat comme si elle courait un marathon. La sage-femme est ressortie mais elle réapparait bientôt.

- Bien, dit-elle en arrêtant l'enregistrement. Il semble effectivement que vous ayez des contractions. On va voir comment est le col.

Elle commence son examen. Yann fixe son visage et moi je fixe le visage de Yann. C'est au-dessus de mes forces de regarder cette femme tant qu'elle est entre mes jambes, avec une main en moi.

- Le col est à trois centimètres. Gardez les sondes en place, je vais préparer la salle de travail et biper l'anesthésiste.

Yann la rattrape juste avant qu'elle ne sorte :

- Ça veut dire quoi ?
- Que vous allez bientôt être papa !

Et elle sort.

- Non, non, non, ce n'est pas possible.

Interloqué, il se tourne vers moi. Je me suis mise debout. Il est tant que nous rentrions à la maison. C'est beaucoup trop tôt.

- Qu'est-ce que tu fais ?

Je lis l'angoisse sur son visage, mais je suis incapable de le rassurer. Je ne peux que secouer la tête. Il doit comprendre que ce n'est pas possible. Pas maintenant. Je commence à retirer le monitoring qui me comprime le ventre et semble directement en lien avec le poids qui m'écrase la poitrine. Je dois me libérer. De l'eau coule sur mes mains tandis que je m'évertue à défaire l'élastique de la ceinture. Je me demande vaguement d'où cela vient jusqu'à ce que je réalise que je pleure. Mes joues sont inondées, j'ai du mal à voir ce que je fais, c'est pour cela que je mets autant de temps. Une nouvelle contraction arrive, bien plus forte que les autres et je me mets en boule pour tenter de l'atténuer.

- Ce n'est pas possible, ce n'est pas possible.
- Mais qu'est-ce qui n'est pas possible ?

Apparemment, j'ai parlé à voix haute. Yann s'est approché et me caresse les cheveux. Comme je ne réponds pas, il répète :

- Qu'est ce qui n'est pas possible ma puce ?
- Je ne peux pas avoir un enfant.

Je vois à sa mine stupéfaite qu'il ne comprend pas. La contraction se termine. Je me redresse un peu sans pour autant me relever. Je m'agrippe à son t-shirt :

- Ma mère aurait dû être là, tu comprends, … Elle aurait dû être avec moi, elle aurait dû me dire comment faire. Je ne peux pas avoir un enfant, pas comme ça.
- Mais Mélanie…

Je sens qu'il est à court de mots.

- Mélanie ma chérie, tu ne peux pas partir. Je sais que ta mère te manque mais, ma puce, ce… ce n'est pas sensé… ta réaction n'est pas sensée…
- Mais elle a toujours été là tu comprends ? Elle aurait dû être là encore aujourd'hui, pour me conseiller, pour me rassurer, me bercer ! C'est sa petite-fille, JE suis sa fille, son bébé ! On n'abandonne pas son bébé !

Je me laisse de nouveau glisser au sol en sanglotant.

- Je suis son bébé…

Une partie de moi saisit le ridicule de la situation, je suis une femme de trente ans, médecin, et je vais avoir un enfant, ma crise d'hystérie ne changera rien à cela, mais c'est injuste. Elle n'avait pas le droit de partir, de me laisser. Je sens les bras de Yann qui m'entourent et me serrent très fort. Il ne cherche pas à me relever. Il me berce. Il fredonne pour moi. Il me rassure.

- Je suis là… me répète-t-il en boucle, je suis là.

Je me laisse aller contre lui, puis une nouvelle contraction vient prendre possession de mon corps. Mes pleurs deviennent des gémissements.

- J'ai peur de ne pas y arriver sans elle…

La crise est passée, mais je ne veux pas encore bouger. Mon mari m'incite à lever les yeux vers lui :

- Tu n'as pas à y arriver toute seule. Je suis là moi, je serai toujours là pour toi.
- Je veux ma maman, lui dis-je dans un souffle.
- Ta mère aurait tout donné pour être là. Tu le sais.

Oui je le sais. Ce n'est pas moi cette fille qui s'effondre. Ce n'est pas celle que je suis, ni celle que je veux devenir. Alors je me relève en prenant appui sur Yann et il m'aide à me réinstaller sur le lit.

- Je suis désolée d'avoir craqué.
- Tu n'as pas à t'excuser ma chérie.

Il m'embrasse malgré les larmes et ajoute avec force, en me regardant droit dans les yeux :

- On va l'avoir ensemble cet enfant, tous les deux, et on lui donnera tout l'amour du monde.

J'ai honte de la scène que je viens de lui jouer, mais il ajoute :

- Tu as gardé mon secret, je garderai le tien.
- Ton secret ?

- Mon pitoyable message sur le répondeur…

Je parviens à sourire et me blottis contre lui. La sage-femme choisit ce moment-là pour revenir dans la salle.

- Dites donc monsieur, le lit c'est pour les mamans qui accouchent, pour vous c'est la chaise ! Et je ne veux pas vous entendre vous plaindre c'est clair ?

Je ris en voyant mon mari tout penaud se relever et gagner sa chaise.

- Ouh mais dites-moi, on a pleuré ! Ça va très bien se passer, vous allez voir.

Puis, avisant le chantier autour, elle se tourne vers mon mari :

- Je ne vous demande pas ce qui s'est passé ?

Nous répondons dans un bel ensemble :

- Il ne vaut mieux pas…
- Bon, déclare-t-elle en ramassant les sondes et les sangles, tout est prêt, alors suivez-moi.

Je serre fort la main de Yann

- J'ai peur…
- Je suis là.

# 23

*21 octobre 2016*

*Mon ange,*

*Tu viens de quitter la maison et après ton départ, j'ai ressenti une gêne dans ma poitrine et comme un essoufflement, rien de grave mais je t'appellerai quand même demain pour te demander quoi faire. Ce soir, tu as besoin de te reposer, pas de répondre à un appel tardif de ta mère.*

*Cette soirée était merveilleuse. De vous voir tous les deux si heureux, si épanouis, tu n'imagines pas comme je suis comblée.*

*La vie m'a épargnée depuis ce fameux jour où j'ai commencé ces lettres, j'ai connu quelques tristesses, quelques inquiétudes, mais beaucoup de joie auprès de ton père, à te regarder vivre et grandir. Tu vas sans doute trouver que je radote, mais cela m'est égal. Je vais te le dire et je te le redirai souvent :*

*Tu es une femme incroyable, si forte, aussi belle à l'intérieur qu'à l'extérieur. Je n'aurais pas pu rêver meilleure fille. Sois fière de toi et de ce que tu as accompli car tu l'as fait seule. Nous étions juste à tes côtés pour veiller sur toi. Tu comprendras toute cette intensité lorsque tu seras toi-même maman. Ce n'est pas quelque chose qui s'invente, mais ce n'est pas non plus quelque chose d'inné. Lorsque l'on est prêt et que l'on s'engage sur cette voie, on tombe nous aussi, on se trompe, mais on ne cesse jamais de faire de notre mieux.*

*J'ai vu ton sourire, l'éclat de ta peau, la façon machinale que tu as de caresser ton ventre et cette coupe de champagne que tu n'as pas touchée. On ne devine rien quand on te regarde, mais tous ces signes ne trompent pas. Je sais que tu es enceinte et je comprends que vous souhaitiez garder le secret jusqu'à la première échographie. Je ne dirai rien à ton père : il ne saurait pas se taire !*

*J'ai envie pour une fois de me laisser aller à te donner un conseil : ce bébé qui grandit en toi deviendra vite le centre de votre existence, votre vie s'organisera autour de lui, mais tu ne dois pas être simplement une mère car toute femme, pour s'épanouir, doit trouver un équilibre entre les trois parts qui l'habitent : la mère, la femme et la compagne.*

*Je sais que tu y arriveras. Ton mari à tes côtés est un homme formidable et il t'aime. Quand je ne serai plus là et que tu seras triste, que tu auras mal, que tu auras peur, c'est lui qui te consolera, te soulagera, te rassurera…*

*Et sache, mon ange, que, même lorsque je ne serai plus là, je resterai présente à tes côtés, autrement, en pensées, à travers ces lettres, nos souvenirs, les photos…*

*Je vais me coucher maintenant, car la journée m'a un peu fatiguée, mais j'aurai sans doute encore d'autres conseils à te transmettre, alors à très vite,*

*Ta maman qui t'aime et qui t'aimera toujours*

Dans la pénombre de ma chambre, à la lueur de la veilleuse, je contemple avec émerveillement le berceau à mes côtés. Dans cette coque transparente dort notre fille. Le visage encore froissé, la bouche boudeuse, les yeux fermés, mais un air satisfait et repu, elle dort, ses deux petites mains en l'air, poings fermés. Je caresse délicatement les doigts aux

ongles microscopiques. C'est incroyable ce qui s'est passé : j'ai donné naissance à un être humain, minuscule, fragile, merveilleux. Camille… mon ange…
Lorsque les médecins m'ont tendu le paquet de langes hurlant, ma seule pensée a été que j'allais la faire tomber. Mais je l'ai agrippée et collée contre moi. Ce contact était indescriptible. Sentir gigoter contre moi ce petit corps tout chaud cherchant déjà le sein m'a bouleversée comme jamais.
- Je te promets de te protéger…

C'est tout ce que j'avais réussi à dire. Quant à Yann, il était resté muet. Seul son regard exprimait sa fascination. Mon Yann, parti depuis seulement quelques minutes, nous laissant seules pour grappiller quelques heures de sommeil bien méritées. Une fois dans la chambre, il avait tenu sa fille contre lui, pendant presque trois heures, lui parlant de sa voix grave et apaisante. J'en avais profité pour dormir, bercée par ce murmure.
Le soleil va bientôt se lever. Je contemple mon doux miracle et pense à ma mère. Est-ce cela que tout parent ressent le jour de la naissance d'un enfant ? Une bulle immense dans la poitrine, gonflée à bloc, prête à éclater ? Un regard neuf sur le monde ? Une complète transformation de l'être que l'on est, alors qu'à l'extérieur, rien n'a changé… Oui, c'est le genre d'événement qui nous bouleverse à jamais. On était adulte, on devient parent. Et pourtant, même si j'ai porté ce petit être dans mon ventre pendant neuf mois, je le découvre aujourd'hui comme si c'était un autre enfant.
- Toi et moi on va devoir apprendre à se connaître… Je suis ta maman.

Camille bouge dans son sommeil. Un léger sursaut et sa main s'est ouverte, saisissant au passage le doigt que j'ai posé sur elle. Le niveau d'eau dans mes yeux monte dangereusement. C'est vrai ce qu'a écrit ma mère : rien ne nous prépare à pleurer autant pour un autre être humain. Je prie en silence pour que ce soient surtout des larmes de joie comme celles que j'ai déjà versé depuis la naissance de ma fille. Je reste plusieurs minutes ainsi, immobile, avant de retirer doucement mon doigt sans la réveiller. Je caresse le petit front duveteux juste sous le bonnet de laine et sort de ma valise une feuille de papier et un stylo.

*Dimanche 28 mai 2017*

*Mon Ange…*
*Ma Camille…*

*Aujourd'hui, c'est le jour de ta naissance.*

*Peut-on rêver plus beau cadeau pour le jour de la fête des mères que la naissance de son enfant ? Ta grand-mère aurait été tellement heureuse de te rencontrer !*

*Dès ce soir, tout comme elle a fait pour moi avant ta naissance, je t'écrirai des lettres. Je te parlerai de moi, d'elle, de toi, de tout cet amour qui menace de déborder chaque fois que je te regarde, même si je ne te connais que depuis quelques heures.*

*Tout comme elle, j'espère que tu recevras ces lettres le plus tard possible et que je t'accompagnerai du mieux que je le pourrai. Mais comme on ne sait jamais ce que la vie nous réserve, je tenais déjà à te dire que je t'aime comme jamais je ne pensais pouvoir aimer.*

*Aujourd'hui, je suis devenue une « mer », avec ses creux, ses vagues et son immensité…*

*Aujourd'hui est le jour de ta naissance et de ma renaissance…*

*Ta mère qui t'aime infiniment*

## Remerciements

A Elise, Thomas et Fabien, mes trois enfants qui ont inspiré cette fiction. Ce livre, ce sont mes lettres à moi, adressées à chacun de vous. Vous êtes partout dans ces lignes et je vous aime infiniment.

A tous les papas et les mamans du monde, parce que chaque pas que l'on fait nous apprend un peu plus à devenir parent et parce que l'on n'aura jamais assez d'une vie pour cela.

A Pierre et Claire qui m'ont tant aidée dans ce projet qui me tenait à cœur.

A mes fidèles amies qui ont lu et relu les différentes versions et qui m'ont conseillée à chaque étape : Sophie, Nathalie, Marilyne, Carmen, Marianna, Claire, Laurence, Cécile…

A mes sœurs, Nathalie, Florence et Aurélie, mes « binômes », si semblables et si différentes, indispensables à mon équilibre. Une mention particulière pour Florence et ses conseils pertinents.

A vous, qui avez choisi ce livre : j'espère que vous y avez trouvé ce que vous attendiez et plus encore.

## Du même auteur

*« Célibataire, mais je me soigne »*
2019, Eden, sous le nom d'Alexia de Bley

Printed in Poland
by Amazon Fulfillment
Poland Sp. z o.o., Wrocław

30456642R00101